장준하의
말

장준하 서거 48주년 기념도서

장준하의 말

2023년 8월 17일 처음 펴냄

지은이 | 장준하
엮은이 | 연규홍
펴낸이 | 김영호
펴낸곳 | 도서출판 동연
등 록 | 제1-1383호(1992. 6. 12)
주 소 | 서울시 마포구 월드컵로 163-3
전 화 | (02)335-2630
전 송 | (02)335-2640
이메일 | yh4321@gmail.com
S N S | instagram.com/dongyeon_press

ISBN 978-89-6447-948-3 03040

이 책 수익금의 일부는 장준하기념사업회의 후원 기금으로 쓰여집니다.

장준하의 말

장준하 글 | 연규홍 엮음

동연

전 한신대학교 연규홍 총장님께서 집성하신 『장준하의 말』.

이 책은 1953~1964년까지 우리나라 사회 전반에 걸쳐 일어났던 중요 역사적 고비마다 위정자, 기득권 세력, 반민족적 부류들의 공망적 행태를 두려움 없이 꾸짖고, 교화하기를 주저함이 없었으며, 국민에게는 진실을 알리기에 노심초사하셨던 장준하 선생님의 「사상계」의 권두언 모음입니다. 그 '말'을 연규홍 총장님께서 오랜 세월 잠에서 깨웠습니다.

광복 이후 70여 년이 지난 오늘까지도 아직 미완인 이 나라의 완전 자주독립과 민족통일 그리고 민주주의의 안착을 더 이상 후대에게 미룰 수 없다는 큰 고민과 책임감으로 어렵게 집성하신 연 총장님에게 감사와 큰 노고에 경의를 드립니다.

이 책이 많은 후학과 국민에게 읽혀 잊혀가는 이 나라 역사의 정통성, 정체성이 살아나게 되기를 기대합니다.

2023. 7.
장준하기념사업회 이사장
장호권

엮은이의 말

장준하, 그는 믿음으로 말한다. 말은 영혼이다. 말하는 이를 죽여도 그가 말한 '말'은 죽일 수 없다. 그것은 말에 그의 영혼이 담겨 있기 때문이다. 장준하, 그는 영혼으로 살고 영혼으로 말을 했던 사람이다. 1975년 8월 17일 유신헌법개헌청원 100만인 서명운동으로 그는 포천 약사봉에서 죽었지만, 그것은 그의 육신을 죽였을 뿐이지 그의 영혼을 죽일 순 없었다.

그는 믿음 안에서 살아있다. 영혼으로 살아있고, 말로 살아 있다. 그 말을 모은 것이 이 책이다.

세월은 흐르고 세상은 바뀌었다. 매해 봄이 오면 보릿고개를 넘던 시절이 엊그제 같았는데, 오늘 대한민국은 3만 불 시대의 풍요와 번영을 누리고 있다.

한국 사회를 누군가 말했듯이 "눈 떠보니 선진국"(박태웅)이 되었다. 그럼 나는 묻고 싶다. 과연 우리는 민주화된 정의롭고 평등한 선진국 사회에 살고 있는가? 오늘 한국 사회에 과연 존경받는 정치인이 있는가? 신뢰받는 기업과 경제인들이 있는가? 민심을 천심으로 생각하고 민중의 입이 되는 지식인들과 언론인들이 있는가? 오늘 한국 사회는 전지전능한 물신(物神)에게 먹혀서 돈의 노예가 된 인간들이 뒤얽혀 사는 세상이 되었다. 조국의 앞날을 한 치 앞도 예측하지 못할 암울한 현실이 되었다. 장준하가 살던 그때와 지금 무엇이 달라졌는가?

고도 성장의 상징인 높이 솟은 건물만큼이나 부자와 가난한 자의 양극화는 더욱 커지고 있다. 광복된 지 78년을 지내왔지만 아직도 남북 분단을 극복하고 통일로 가는 길은 아득히 멀기만 하다. 오늘 장준하라면 무슨 말을 할까, 그 말을 듣기 전에 우리는 그가 피를 토하며 외쳤던 그의 살아생전 했던 말들을 들어야 한다. 그는 해방 혼란과 이승만 정권의 부패 그리고 6·25 전쟁과 4·19 학생혁명, 5·16 군사 쿠데타에 이르는 한국 현대사를 몸으로 살았다. 그 속에서 그가 진정으로 외친 것이 무엇이었을까?

나는 그것이 첫째로 민족이 나아갈 방향이었다고 생각한다. 조선 민족 500년 왕조가 한순간에 일제에 의해 무너졌다. 그는 나라 없는 백성의 고난과 시련을 혹독히 경험했다. 못난 조상이 되지 않겠다고 6천 리 중국 대륙의 대장정에서 그는 돌베개를 베고 눈물로 맹세했다. 광복된 조국은 자주적인 통일 국가와 정의로운 민주 사회가 되어야 한다고, 그는 스스로 민족주의자의 길을 선택했다. 그리고 민족의 나아갈 방향과 목적을 소리 내어 외쳤다.

둘째로 그가 평생 노력하고 추구한 것은 민중의 자각이었다. 대한민국의 통일과 민주화는 하늘이 거저 주지 않는다. 하늘도 스스로 돕는 자를 돕는다. 그가 모든 것을 쏟아부어 전쟁의 폐허 속에서 「사상계」를 낸 것은 민중의 자각이었다. 부패한 독재정권과 사이비 지식인들의 탄압과 비판 속에서도 그는 민중이 깨어야 민족이 살고, 역사가 진보된다는 것을 굳게 믿었다.

그는 무엇도 두려워하지 않는 믿음으로 앞으로 나아갔다. 결코 물러서지 않았다. 군부독재 정권의 죽음에 위협과 숱한 자본의 유혹 속에서도 그는 꺾이지 않고 민족주의자의 길을 갔다. 결국 성경의 아벨처럼 가인에게 죽임을 당했다.

"그의 죽음은 별이 떨어진 것이 아니라 보다 새로운 빛이 되어 우리의 앞 길을 밝혀주기 위해 잠시 숨은 것뿐입니다"(김수한 추기경, 신구교 합동 영결식에서).

과거로부터 역사의 교훈을 얻지 못한 민족은 똑같은 과거의 실패를 반복하는 신의 심판을 받는 것이다. 옳은 말이다. 오늘 우리는 그 역사의 심판대 앞에 서 있지 않은가? 장준하는 일평생 변함없이 자주적인 민족통일 국가의 건설과 설립 구상을 말하였다. 그러나 장준하에게 이런 이상과 꿈보다도 더 중요한 것은 이것을 위해 모든 민족 구성원 하나하나의 생각과 마음을 모아야 한다는 것이었다. 언론의 자유는 그래서 필요하고 언론인의 사명은 그래서 막중한 것이다. 그것이 「사상계」였고, 그 사상계마저 출판이 막혔을 때 그는 붓을 꺾고 몸으로 직접 민중과 소통하는 정치인의 자리로 나섰다.

많은 사람은 때로 그를 "재야 대통령"이라 하지만 장준하만큼 권력욕에 사로잡히지 않은 정치인은 없었을 것이다. 그에게는 오직 민중의 눈물을 닦아 주며 그 민중을 울리는 부패한 정치인들과 재벌들 그리고 사이비 지식인들을 가차 없이 비판하고 질타하는 역사적 책임만이 전부였다. 반드시 새날이 온다. 제아무리 거짓과 불의가 날뛰어도 민주화와 평화 통일의 대한민국은 이루어질 것이다. 장준하는 그 믿음으로 남보다 앞서 그 길을 걸어갔다. 그는 아직도 우리 가슴속에 살아 있다.

장준하는 비록 아벨처럼 죽었으나 지금도 믿음으로 우리 가운데 말하고 있다. 그는 다시 부활하고 있다.

2023. 7.

엮은이, 한신대학교 전 총장

연규홍

차 례

1편

민주사회에 대하여

민주정치 체계가 답이다

　백성은 안심하고 잘 살 수 있도록 하여주는 자를 좋아할 따름이다. 민주정치제(民主政治制)란 국민 각자가 인격적인 대우를 받고 안심하고 그 가진 바 능력을 충분히 발휘할 수 있도록 되어진 제도를 이름일 것이다. 여기에는 황제도 없고 귀족도 없으며, 주인도 없고 노예도 없다. 따라서 어떠한 종류의 특권층도 용허되지 않는다. 여기에는 오직 각자의 직분이 있고, 그 직분을 다하여 사회적 가치를 생산해야 하는 피할 수 없는 각자의 책임이 있을 따름이다. 그리고 동시에 어떠한 직분이든지 귀천이 있을 수 없고, 어떠한 사람도 남의 직분을 침해하지 못한다. 이같이 국민 각자가 자기의 능력을 다하여 맡은 직분을 완전히 감동하여 나아가며, 이것이 조화를 이루어 자연적으로 통일을 보게 되는 것이니 여기에 민생이 안정되고 참된 평화가 시작할 것이며 생활과 정치의 기초가 이에 있는 것이다.

　　　　　　　_ "생활과 정치,"「사상계」권두언 (1953년 8월호)

국민을 못 살게 하는 정부나 관리는 민주 국가에 없다

　옛 사람은 정치의 요(要)결을 비유하여 "능순목지천이치모성언이"(能順木之天以致某性焉爾)라 하여, 나무를 재배함에 있어서 사람이 그 나무의 천성을 무시하거나 마음대로 좌우하지 아니하고, 그 나무의 천성을 따라 잘 자라도록 하는 것이 그 요결임과 같이, 정치에 있어서도 관리가 민중의 천성을 무시하고 마음대로 명령이나 지배를 하지 아니하는 것이라 하였다.

"양은 '이리'의 보호를 받는 것보다는 저희들끼리 있는 것을 더욱 좋아한다"라고 한 제퍼슨의 유명한 말도 있거니와 국민을 못살게 하는 정부나 관리는 민주국가에 있어서는 있을 수 없으며 국민 앞에 군림하려는 생각조차도 있을 수 없다.

_ "이념과 방향," 「사상계」 (1953년 8월호)

사회 발전의 기초는 개인의 자유와 같이 있다

사회를 구성한 자가 인간 개인이며 사유하고 의욕하고 정감하는 자가 개인인 한, 반성과 기획과 창작을 기대함도 개인일 뿐이다. 이러므로 비판의 표준을 정함에 있어서 절대적으로 예상되는 주체는 인간 개인일 수밖에는 없는 것이다. 그러므로 개인의 개성을 발휘시키고 개인의 자유를 존중하는 데에서만 사회는 진정한 발전을 볼 수 있는 것이다.

"사람은 사람이다. 그가 왕이건 목사이건 시인이건 혹은 직공이건 모두 신의 아들로서 평등하고 동일하다"라는 것도 근대 민주주의 발전의 3대 기본원리라고 볼 수 있는 개인의 권리 존중의 사상과 압박에 반항하여 자유를 얻으려는 민중의 권리는 옹호해야 한다는 사상과 세습적으로 직업을 독점하는 제도를 타파하는 노동 자유의 사상을 역설한 위대한 사상가 토머스 칼라일의 말이다. 그는 계급과 종교와 지위의 차이를 불고(不辜)하고 개인의 가치와 중요성을 인정해야 한다고 하였으며, 사람을 외부적 조건으로 평가하는 것보다 내부적 조건, 즉 개인의 개성을 표준으로 하여 평가할 것이라는 주장을 하였다.

_「사상계」 권두언 (1953년 11월호)

민주사회는 유기체적 사회이며, 협동적 사회이다

민주사회는 유기체적 사회이며 협동적 사회임은 췌언(贅言)할 필요가 없습니다. 유기체에 있어서는 어떠한 부분에서 받는 자극이라도 곧 전체에 영향이 되는 것입니다. 그리고 어떠한 한 부분에서 그 직분을 감당하지 못하게 될 때, 전체는 큰 타격을 받고 변동을 일으키게 되는 것입니다. 모든 부분이 완전히 자기의 맡은 직분을 감당하여 갈 때에만 질서는 유지되고 안녕은 지속되는 것입니다. 학생은 학생으로서, 농부는 농부로서, 공무원은 공무원으로서, 기업가는 기업가로서, 노동자는 노동자로서, 문필가는 문필가로서, 군인은 군인으로서 각각 그 처한 자리에서 맡은 바 일에 올바른 의식과 판단을 가지고 매진함에 있어서만 사회는 발전될 것입니다.

_ "바른 판단력을 촉구함," 「사상계」 권두언 (1954년 3월호)

민주주의의 기초는 협동이다

　민주주의는 그것이 정치적으로 논의될 때에는 링컨의 "인민의 힘으로 된, 인민을 위한, 인민의 정부"라는 유명한 말로 표현된 것을 그 극치라 할 것이며 여기에 요청되는 것은 인민의 협동입니다. 그리고 경제적으로는 '모든 사람이 다 같이 보다 잘살게 되는 것'을 주장으로 할 것이니 이 또한 모든 사람의 협동이 절실히 요청되는 것입니다. 그리고 또한 사회적으로는 그 사회를 구성한 전원이 '인격적 대우를 받는 사회'를 그 목표로 할 것이며 이 역시 그 사회의 구성원 전체의 협동이 없이는 바랄 수 없을 것입니다.

　　　　　_ "협동정신의 발현을 위하여," 「사상계」 권두언 (1955년 5월호)

민주 정치는 타협의 정치이다

　한마디로 민주주의사회를 이룩한다 하여도 구체적인 면에 들어가서는 각자가 품고 있는 사회상이나 이것을 이룩하는 방편에 있어서는 각인각색(各人各色)이 아닐 수 없습니다. 사람에 따라 이같이 생각이 다른 것은 당연한 일이요, 결코 비관할 것은 못 됩니다.

　그러기에 향용 민주정치는 타협의 정치요 민주사회는 타협의 사회라고 합니다. 이 사회는 자기만이 사는 사회가 아니요, 만인의 사회인 동시에 나에게 주장이 있음과 마찬가지로 너와 그에게도 주장이 있는 것입니다. 그러므로 진정한 자유 분위기 속에서 서로 의견을 토론하고 교환하여 타협점을 발견하고 그 타협된 결과를 실천하는 것이 민주주의인 줄로 알고 있습니다.

_ "독선과 고고,"「사상계」권두언 (1955년 9월호)

민주주의에는 특권이 없다

민주주의의 근본은 자유와 평등에 있다고 합니다. 따라서 민주주의에의 지향은 바꿔 말하면 자유와 평등에의 성의(誠意)라 하겠습니다. 법으로 보장된 국민의 자유는 최고도로 존중되어야 함과 동시에 그 누구를 막론하고 자유를 방해 내지 훼손할 권한은 있을 수 없는 것입니다. 이와 아울러 민주주의 사회에 있어서는 그 신분의 고하를 가릴 것 없이 타에 군림하여 특권을 행사하거나 타의 영역을 침범하여 부정한 영달을 꾀하거나 법의 그늘에 숨어 사리를 도모하거나 혹은 권병(權柄)을 잡은 자로서 이를 부정배(不正輩)의 술수에 영합하는 등사(等事)는 결단코 용인될 수 없음은 말할 것도 없는 일이라 하겠습니다.

_ "민주주의 재확인,"「사상계」권두언 (1956년 5월호)

민주화가 진정한 8·15 해방이다

돌이켜 우리의 현실을 볼진대 8·15 해방은 광고(曠古)의 '단절'이었습니다. 엄정한 의미에서 이것은 광복이 아니라 신생이었다고 하겠습니다. 우리의 역사적 유산은 정치, 경제, 사회, 문화 등 모든 면에 있어서 봉건적이었기에 이미 세계사의 현 단계에서는 화석으로 화해버린 이들을 다시 들추어 현실에 활용할 수는 없었기 때문입니다. 그러기에 우리는 제2차 대전의 결과로 일어난 세계사의 단절과 해방으로 생긴 민족사의 단절의 교차점에서 유산 없이 새로운 출발을 해야 할 운명에 처해 있었던 것입니다.

그러나 우리는 이 같은 현실을 엄밀히 인식하지 못하고 신생을 광복으로 오인하고 봉건적인 의식과 일본 제국주의 수법을 그대로 답습 원용함으로써 오늘날과 같은 낙후된 기형적 일반현상을 가져오게 된 것입니다.

해방된 우리 민족은 결코 봉건 이씨 왕조의 신민도 아니요, 제국주의 일본관권의 노예도 아니요, 기본인권과 자유권의 보장을 강력히 요구하는 민주주의 사회의 자유인민인 것입니다. 실로 우리 사회의 병폐는 이와 같이 현실적 시책과 대중의 여망이 부합되지 못한 데서 생긴 것이라 하겠습니다.

우리는 이러한 비극적인 현실을 하루빨리 지양하고 진실로 대중의 열망과 복지와 번영을 위주하는 민주주의 사회를 건설하는 데 온 정력을 기울여야 하겠습니다.

봉건적 잔재를 격파하라

우리 민족의 한 사람 한 사람 다 같이 주야로 바라고 힘쓰는 공동 목표가 있다면 그것은 진정한 민주주의 사회의 실현이라 하겠습니다. 누구나 입을 열면 민주주의를 부르짖고 스스로 민주주의 인사로 자처하지마는 사회의 대세는 그렇지 못한 것이 숨김없는 사실입니다.

그 근본 원인을 따지면 여러 가지 있겠지마는 그중에서 가장 뿌리 깊은 병통(病痛)은 우리 머릿속에 남아 있는 봉건잔재라고 생각됩니다. 어쩌다 관에 자리를 하나 차지하면 봉건관료의 악습을 노골적으로 발휘하여 백성을 대함에 오만불손하고 마땅히 처결할 문제도 시일에 천연하여 백성의 심적 물적 손실하에 영사(營私)를 꾀하고 국법을 유린함으로써 특권의식을 만끽하고 정실(情實)을 공(公)에 앞세우는 부류들이야말로 전 민족의 여망인 민주주의를 파괴하는 독충들이라 아니할 수 없습니다.

_ "민주주의를 기원(冀願)한다," 「사상계」 권두언 (1956년 9월호)

국가는 국민을 위해 봉사하는 공복이다

봉건시대에는 계급제도가 엄격해서 나라의 주인은 양반인지라 양반에게 짓밟힌 백성은 호소할 곳조차 없었습니다. 그러나 오늘날 나라의 주인은 바로 우리 각자 백성이요, 관은 우리의 편의를 도모하기 위해서 만든 기관에 지나지 않습니다. 우리는 관에 대해서 봉사를 요구할 권리가 있고 관은 이에 응할 의무가 있는 것입니다. 만에 일이라도 관에 있는 자가 번문욕례(繁文縟禮)의 구름 위에 앉아서 백성을 농락하고 법을 짓밟는 일이 있다면 이것은 본말을 전도한 사회적 반역자가 아닐 수 없습니다. 우리는 이러한 자들의 퇴진을 요구할 권리를 보유하고 있는 것입니다. 일의 대소와 상대의 고하를 막론하고 이러한 경우에 우리는 우리의 권리를 주장할 줄 아는 민주주의 시민으로서 분명히 행동해야 하겠습니다. 당연한 권리도 주장하지 못하는 것을 예로부터 노예라고 하였습니다. 우리는 결코 노예의 신분에 만족하기 위해 해방을 구가하고 6·25에 피를 흘린 것은 아닙니다.

오늘 현재의 우리의 살길을 위해서나 대대로 이을 자손들의 터전을 위해서나 일보의 타협도 없이 우리는 민주주의적 모든 권리를 주장하고 이를 육성 발전시켜서 후세에 전해야 하겠습니다.

_ "민주주의를 기원(冀願)한다," 「사상계」 권두언 (1956년 9월호)

권력의 폭력적 테러는 민주주의의 적이다

진실로 우리가 민주주의를 위해서 모든 것을 바치고 민주주의로써 건국의 기반으로 삼았을진대 이와 같은 독재의 암흑을 조장하는 일체 행위는 종류의 여하와 사건의 대소를 막론하고 국기(國基)를 위태롭게 하는 반국가적 망국 행동이라 아니할 수 없습니다.

그중에서도 가장 악질적이며 파렴치한 것으로 세인이 통탄하여 마지않는 것은 '테러' 행위라 하겠습니다. '테러'는 원래 정정당당한 대의로써 다수 찬동자를 획득할 실력이 없는 무리가 시정 무뢰한의 폭력을 빌려 타를 침묵케 하고 자기의 의사를 강요하여 소기의 야욕을 채우려는 비열무쌍한 수법입니다. 혹은 이름을 '애국'에 빌리고, 혹은 '애족'에 빌리며, 때로는 '반공'에 빌린 이 도당들이야말로 나라를 망치고 민족을 헐고 공산주의 선전의 온상을 마련하는 반역자들이 아닐 수 없습니다.

우리의 국가와 우리의 백성은 어느 한 개인이나 한 당파의 소유물이 아니요, 자유세계 내의 떳떳한 민주국가로서 뭇 백성은 자유와 평등을 누리는 불가침의 인격을 가지고 있는 것입니다. 어느 뉘라서 이를 침범할 자는 있을 수 없습니다.

_ "무엇을 위한 테러냐?," 「사상계」 권두언 (1956년 11월호)

민주주의는 인권을 보장하고 민의를 존중해야 한다

이족(異族)의 질곡(桎梏)에서는 벗어났다 하면서도 답습된 통치 방식으로 민은 관에 눌리어 자기의 권리는 고사하고 머리를 들 수조차 없게 되고, 권병(權柄)을 잡은 이들은 민의 뜻을 조작하여 민을 억압하려 하고, 사리(私利)를 쫓는 집단들이 애국이니 애족이니 반공이니 하는 구호를 앞세우고 자가(自家)의 비행과 무지의 죄악을 은폐하며 그 소행을 정당화시키려는 일들이 꼬리를 물고 일어나 독재와 파멸로 이끌어 넣기에 알맞은 현실로 화하였습니다. 애국, 애족, 반공은 말할 나위도 없고 매국, 매족, 양공(養共)의 우려가 더욱 크게 되니 서글픈 감회가 떠돕니다. 민주주의의 근원이 인간의 존엄성을 자각하고 이를 보위하려 함에 있을진대 이를 지향하는 우리 사회는 반드시 만인의 뜻이 받들어지고 모든 시책이 이에서 발해야 할 것이거늘, 집권자의 뜻이 만인의 뜻으로 강요되고 오직 노예적 굴종만이 용허(容許)되는 우리의 이러한 현실은 반드시 시정되어야 하며 또한 시정되어질 것으로 믿어지는 것입니다.

_ "민주 명맥은 유지되었는가?,"「사상계」권두언 (1956년 12월호)

노동의 자유와 직책을 존중하라

"일하기 싫거든 먹지도 말라." 옛 성인의 이 말은 일하지 않는 자는 살 권리가 없다는 말입니다.

'일'이라 함은 내가 속한 사회에 봉사하는 나의 직책을 말할 것입니다. 나는 이 직책을 완수함으로써 나의 생을 즐길 수 있고 너와 그에게 복리를 줄 수 있으므로 이 직분은 나에게 소중할 뿐만 아니라 너와 그에게도 존중히 여김을 받아야 하는 것입니다. 그러므로 민주사회에 있어서 개인의 직책은 타의 침해나 농락을 받음이 없이 수행되어야 하며 그 존엄은 인권과 아울러 수호되어야 하는 것입니다. 관직의 위계가 높음을 기화로 말직관원(末職官員)이 법대로 수행하는 직무를 좌우할 수는 없으며 금력이나 권력의 배경으로 이를 농락할 수도 없을 것입니다.

_ "우리들의 직책은 완수될 것인가?,"「사상계」권두언 (1957년 1월호)

백성을 짓밟고, 나라를 짓밟는 자가 누구인가?

휴전을 계기로 잠정적인 평화는 왔다 할지라도 호시탐탐 재침을 노리는 적을 앞에 두고도 이 망국 도배들은 법을 짓밟고 백성을 짓밟고 나라를 짓밟고 온 천하의 고혈을 짜서 자가(自家), 자당(自黨) 만의 의롭지 못한 비만을 꾀하고 있으니 어찌 비분을 참을 것인가? 국민의 혈세를 삼킨 자 누구며 특권 융자와 원조분배의 그늘에서 백성의 희생 위에 부당이득을 도득(盜得)한 자 누구며, 국헌을 자파의 편의에 따라 제멋대로 고친 자 누구며, 부정선거로 민주주의를 파괴하고 국민을 우롱 모욕한 자 누구며, 그래도 오히려 부족하여 눈과 귀를 막은 채 비등하는 여론을 무시하고, 국민을 겹겹이 묶어 세우고 언론을 봉쇄하고 간악한 모든 수단을 통하여 민의의 자유로운 발현을 일소함으로써 특권을 영원히 농단하려고 드는 자가 누구냐?

진실로 이들 파렴치한 무리의 행패를 없이하기 전에는 민주주의도 번영도 있을 수 없을 뿐 아니라 나라 자체의 명맥이 끊어질 염려가 있다. 참으로 구국 투쟁이 오늘날같이 절실히 요망되는 때는 없다 하겠다.

민심은 천심이라 하였다. 백성은 언제까지나 특권 계급의 밥이 될 수는 없다. 이것은 언제나 새로운 진리임을 상기시키고자 하는 바이다.

_ "우리는 특권계급의 밥이 아니다," 「사상계」 권두언 (1957년 6월호)

민주주의의 앞길은 아직도 요원하다

우리가 민주주의의 정치이념과 생활방식과 세계관을 받아들인 지도 어느덧 십여 성상이거니와 작금에 우리나라에서 벌어지는 정치적 현상과 사회적 사태의 한심하고 어지러운 꼴을 가만히 바라보고 통절히 느끼는 것은 우리가 지향하는 민주주의의 전도는 아직 요원하다 하는 장탄식이다.

민주주의는 인류의 수천 년에 걸친 경험과 사색과 피땀에서 우러나온 훌륭한 사상체계요, 고귀한 진리의 결정이다. 그것은 인류의 지혜가 도달한 최고의 철학이다. 우리가 민주주의 정치이념과 생활방식과 세계관을 집어 던진다면 모르되, 이것을 우리의 나아갈 목표로 인정하고, 지향할 방향으로 삼는 이상, 우리는 민주주의의 인식에 있어서 '명'(明)이 있어야겠고, 그 훈련에 있어서 '성'(誠)이 있어야겠고, 그 실천에 있어서 '용'(勇)이 있어야겠다.

_ "민주주의의 재인식," 「사상계」 권두언 (1957년 11월호)

이 나라의 주인은 백성이다

우리는 민주주권을 수호하여야 한다. 이 길만이 이 백성이 잘살 수 있는 길이다. 관권이 발호치 못하도록 독재의 싹이 트지 못하도록 굳게 지켜야 한다.

우리나라는 민주국가다. 그러므로 이 나라의 주인은 이 백성이 어야 한다. 가난하고 헐벗고 굶주렸다 한들, 못나고 어리석고 보잘 것없다 한들, 이 나라의 주인은 이들이니 이들은 주인으로서의 대접을 받아야 한다.

_ "나라의 주인은 백성이다," 「사상계」 권두언 (1958년 10월호)

국민생활의 안정이 진정한 안보이다

백성이 잘살아야 나라가 강해진다. 국민 생활의 안정을 꾀하는 일만이 나라를 안정시키는 길이다.

_ "나라의 주인은 백성이다," 「사상계」권두언 (1958년 10월호)

민주주의에서 개인은 자주·자위·자립하는 사회적 주체이다

근대인이 발견했고 확립했고 옹호한 개인은 결코 자의적(恣意的)인 이기적 개인이 아니었다. 민주주의가 내세우는 개인은 자주할 줄 알고 자치할 줄 알고, 자율할 줄 알고, 자립할 줄 아는 사회적 주체로서의 개인이다. 나의 자유를 존중하는 만큼 남의 자유를 존중할 줄 알고, 나의 권리를 주장하는 동시에 남의 권리를 옹호하는 개인이다. 자리(自利)를 꾀하는 동시에 이타(利他)를 잊지 않는 개인이다. 자기의 자주적 사고와 판단하에 계획하고 행동하는 자유인인 동시에 따르는 결과에 대해서 엄숙히 책임을 짊어질 수 있는 개인이다.

무엇이 참되고 무엇이 거짓이며, 누가 옳고 누가 틀렸으며, 어떤 정책이 사회에 이롭고 어떤 법률이 이 사회에 불리한지를 옳게 판단할 줄 아는 총명한 지성을 가진 개인이다. 자기가 옳다고 믿는 대로 말하고 시인하고 투표할 줄 아는 용기를 가진 개인이요, 자기나 타인의 정당한 자유와 권리가 부당하게 짓밟힐 때에는 그것을 도로 찾기 위하여 목숨을 걸고 의의 싸움을 할 줄 아는 용기와 정열을 가진 개인이다. 이것이 민주주의가 요구하는 개인이다. 이러한 총명과 용기를 가진 개인으로 구성된 사회에서 비로소 민주주의는 건전하게 자랄 수 있다.

_ "개인의 의미," 「사상계」 권두언 (1959년 10월호)

민권이 이 나라의 생명임을 노래한다

용사들이여 편히 쉬시라. 당신들의 흘린 피는 확실히 이 땅에 정(正)을 싹트게 할 것이며, 의(義)의 열매를 맺게 할 것이요, 괄목할 민권의 신장을 이룩할 것입니다. 이 땅의 아들딸로 태어난 보람을 다한 것입니다. 관(官)의 폭력으로 민(民)을 지배할 수 있다는 망상에 사로잡힌 흉도(凶徒)들의 가슴속에 깊이깊이 비수를 꽂아놓은 것입니다. 자유는 영원히 이 땅에 깃들 것입니다. 민권이 이 나라의 생명임을 노래하면서, 그대들이 뿌린 피의 훈향(薰香)을 맡으면서, 다시 비노니 용사들이여, 낙원에서 편히 쉬시라.

_ "민권전선의 용사들이여 편히 쉬시라," 「사상계」 권두언 (1960년 5월호)

자유는 반드시 책임이 따르는 법이다

대체 자유에는 반드시 책임이 따르는 법이다. 자유의 폭이 넓어지면 책임의 폭도 그만치 넓어져야만 우리는 민주적인 공동생활을 유지해 나갈 수 있는 것이다. 우리 사회의 오늘의 통폐는 자유의 폭이 넓어진 데 반비례하여 책임의 관념이 희박해진 데 있는 것이다. 이 까닭으로 자유의 확장이 곧 방종과 무질서와 혼란을 자아내고 있는 것이니 자유에 책임이 따른다는 것을 모르는 국민은 기실(其實) 자유를 누릴 만한 자격이 없는 국민인 것이요, 무질서와 혼란을 이유로 또다시 독재자가 등장해도 그 앞에 굴복할 가능성이 큰 국민인 것이다. 우리가 4월 혁명에 흘린 피를 고귀한 것으로 생각한다 하거든, 또 개인의 자유와 개인이 자유를 누릴 수 있는 사회질서 사이에 올바른 균형을 유지해 나가는 것이 자유인의 신조라 하거든, 우리는 모든 자유를 행사하는 데 엄격한 책임부터 느끼는 습성을 확립해야 한다.

_ "4·26 이후의 사회상을 보고," 「사상계」 권두언 (1960년 7월호)

보이지 않는 독재를 경계하라

반민주주의는 독재만이 아니다. 독재에의 분노와 공포는 사라졌어도 혼란에의 개탄과 절망은 바로 보이지 않은 독재로 군림하고 있다. '의의 세대'만은 이를 알지니, 저들은 보이지 않는 독재도 용납지 않을 것이며 더한층 처절한 투쟁을 계속할 것으로 믿어보는 바이다. 혁명은 보이는 독재만을 위해 있는 것이 아니니, 정당한 내 것과 참다운 내 것을 위해서 혁명은 계속되어야 하는 까닭이다.

_ "7·29 총선거를 바라보며," 「사상계」 권두언 (1960년 8월호)

4·19는 미완의 혁명이다

우리의 혁명은 아직 성공을 보지 못하였다. 혁명은 파괴다, 철저한 파괴다. 일부분은 파괴하고 일부분은 수선을 하여 다시 쓰는 것을 혁명이라고는 하지 않는다. 그러나 혁명은 급속한 건설의 뒷받침이 있어야 그 구실을 하는 법이다. 그러므로 건설의 뒷받침을 할 수 있는 완전한 기틀이 짜여 있지 않은 혁명은 걷잡을 수 없는 위험을 내포하게 된다. 혁명 후의 건설을 위한 준비, 그 준비를 갖춘 주체, 이것이 무엇보다도 중심 요소인 것이라는 말이다. 이것을 모두 결한 것이 우리의 4월 혁명이었다.

_ "혁명상미성공(革命尙未成功)," 「사상계」 권두언 (1960년 8월호)

3·1 정신은 민주적 자유와 권리를 추구한다

그러나 새로운 시대에서 새로운 시조를 호흡하고 사는 오늘에 있어서는 3·1정신은 발전적으로 계승되지 않으면 안 된다. 지금은 어떠한 국민에게 있어서도 그 민족적 독립과 더불어, 그리고 그에 못지않게 중요시되는 것은 그 국민이 민주주의적 자유와 권리를 향유하느냐 못하느냐 하는 문제이다.

_ "3·1 정신은 어떻게 계승되어야 할 것인가?,"
「사상계」 권두언 (1961년 3월호)

민족 의식은 민주 의식을 통해 자기 발전을 한다

3·1운동 당시 우리 겨레의 민족의식은 고도로 앙양되었고 그후도 이것은 꾸준히 지속 발전되었으나 아직도 명확한 민주의식과 자유의식은 성숙치 못하였던 것이다. 일본제국주의만 패망하면 모든 문제는 스스로 해결될 것이라는 소박한 정치의식에서 벗어나지 못했던 우리 민족은 해방 후 전체주의적 공산독재체제와 6·25참변과 이(李)정권의 반전제정치(半傳制政治)를 통한 체험에 의하여 민주주의적 자유의 귀중함을 인식하기 시작했다. 그리하여 남한에서는 4·19의 값비싼 희생을 통하여 그러한 자유를 회복했으나, 북한에서는 아직 하등의 형식적인 변화조차도 일어나지 못하고 있다. 40여 년 전 3·1운동이 보여준 고도한 민족의식은 이러한 민주의식을 통하여 비로소 자기발전을 이룩할 수 있는 것이며 후세대의 우리는 모름지기 이러한 면에서 3·1독립정신을 계승하지 않으면 안 된다.

_ "3·1 정신은 어떻게 계승되어야 할 것인가?,"

「사상계」 권두언 (1961년 3월호)

민권은 아래로부터 쟁취하는 것이다

우리는 속수무책으로 민정을 혁명 당국으로부터 '시혜' 받기를 기다리고 있어서는 안 된다. 주권을 반려 받을 태세를 갖추어야 한다. 민권은 쟁취하는 것이지 위로부터의 '하사'란 없는 것이다.
_ "역사는 이 시기를 어떻게 심판할까?,"「사상계」권두언 (1963년 6월호)

민주주의를 이룰 새로운 지도자를 보내주소서

하늘이여! 이 방황하는 민족에게 두 악과 싸워 이길 수 있는 힘을 주시고 민주주의를 거듭 세울 새 아들을 하루속히 보내주소서!
_ "구악과 신악은 다 같이 물러서라!,"「사상계」권두언 (1963년 10월호)

민족 지상주의와 반 민주의 함정을 경계한다

문제는 민주주의라는 국민자치의 원리를 바탕으로 하지 아니한 민족 지상주의가 아우슈비츠 수용소의 일대 비극을 가져온 나치스의 광신으로 화하는 것을 경계하자는 것이요, 신경질적인 민중불신이 인간의 존엄성과 관용의 원리를 기초로 한 대의민주정치를 실질적으로 마비케 하는 반민주의 함정으로 떨어지게 하지 말자는 말이다.
_ "누가 국민을 기만하고 있는가?,"「사상계」권두언 (1963년 11월호)

절망과 싸울 수 있는 용기가 민주주의 생존에 토대이다

희망을 가진다는 것, 절망과 싸울 수 있는 용기, 이것이야말로 민주주의가 생존하는 토대이다. 민주주의를 옹호하는 사람들에게는 비관주의도, 또한 낙관주의도 모두 금물이다. 비관주의는 민주주의의 약점만을 보고 불신하게 되고, 낙관주의는 민주주의의 강점만을 보고 안일에 빠진다. 우리는 안일을 버리고 비관적 불신과 싸우는 곳에 건전한 민주주의를 생성하는 것이다. 절망 속에서도 희망을 버리지 않는 국민만이 민주주의를 성취할 수 있을 것이다. 길가에 돋아난 풀처럼 밟혀도 다시 돋아나는 생명의 불꽃이 다름 아닌 자유민권인 것이다.

_ "자유민권의 길,"「사상계」권두언 (1964년 7월호)

5·16은 이 민족에게서 희망과 자신을 빼앗은 것이다

5·16은 의욕이란 헛기침만을 허공에 남기고 있다. 민족을 배신하고도 말마다 민족을 팔고 민족주체성 운운을 뇌까린다. 5·16은 아무 뉘우침도 없이 가증하게도 또다시 민족의 이름으로 상제도(賞制度)까지 설치해놓고 또 다른 허세의 가면을 쓴다. 그러나 분명한 것은 5·16은 이 민족에게서 희망과 자신을 빼앗은 것이다. 절망의 나락으로 밀어 넣었다. 이 사회를 정신적 황무지로 만들었다. 불신의 황성(荒城)으로 변모시켰다. 그리고 그 자신도 배신자로 전락하

였다. 민족에게 버림을 받았다. 역사의 준엄한 심판을 기다리게 되었다.

_ "5·16의 유산," 「사상계」 권두언 (1966년 5월호)

민주주의는 국민이 원하지 않는 정권을 법으로 바꿀 수 있는 정치 제도이다

정권이 비판에서 소외되면 될수록 폭발 가능성의 농도가 정비례하여 상승하는 현상을 1960년의 3·15에서 교훈으로 지적 보충 설명하는 바이다. 무비판의 한계상황이 폭발도에 이르지 않도록 함이 민주사회 각인의 책무요, 사회공기의 소임이거늘, 그 비판의 출구를 봉쇄하고자 하는 우(愚)를 지적하는 이 광장이, 암운에 덮이고 있다.

정권의 평화적 교체를 위해서 비정을 신랄하게 공격함은 오직 나라의 자유민주주의 확립을 위함뿐이지 그 이상 이하도 없다. 항쟁의 기치는 '민주주의'이다.

민주주의는 다른 많은 명구가 세계사 속에서 설명되고 있으나, '국민이 원하지 않는 집권자를 법기적시(法期適時)에 바꿀 수 있는 정치제도'라고 말해서 오늘날의 우리 실정에 어긋나는 정의일까?

_ "항쟁의 달 3월에 부친다," 「사상계」 권두언 (1967년 3월호)

유권자의 현명한 결단이 민주주의를 살린다

주권자의 결단만이 조국 오도의 세력을 물리치게 한다. 결단은 오로지 주권자의 올바른 권능의 행사에서 나온다. 주권자의 관용은 미덕이 아니라 민주주의의 교살이다. 우리는 민주주의의 장송을 슬프게 바라만 보고 형장에 서서 그때 누구를 원망할 것이냐? 아무도 원망할 사람조차 없을 것이다.

국민은 주권자로서 우선 현(賢)을 가져야 하겠다. 국민은 또 주권자로서의 권리를 빼앗기지 않아야 하겠다. 뿐만 아니라 주권자로서 능력을 가져야 하겠다. 왜냐하면 현명한 권능의 행사만이 오늘날의 이 빈사 상태의 주권재민제도를 소생시킬 수 있고 또 발육시킬 수 있기 때문이다.

_ "주권자의 관용이 민주주의를 교살한다," 「사상계」 권두언 (1967년 4월호)

민주주의의 성장은 국민 모두의 참여로서만 가능하다

민주주의를 뿌리째 뽑아 던지던 바로 그 무리들이 결국 스스로가 '참신하고 양심적인' 원정(園丁)으로 자처하고 들어서서 이 나라의 정치풍토에 불신과 분열을 비료처럼 뿌려놓았다. 그뿐이랴? 이 나라 정치풍토에 알맞은 '민주주의'를 심겠다고 '민족'의 이름을 빌려다 관처럼 씌워 놓았다. 또 이 나라의 정치풍토가 근본적으로 나쁘다고 체질 개선을 외치면서 사회·문화·경제의 기반을 뒤집어엎어 놓았다. 과연 여기에 무엇이 자라고 있는가? 황무지에 무성한 것은 잡초뿐이거늘.

민주주의는 가위를 쥔 어느 한 원정의 자의대로 자라나는 생리의 것이 아니다. 민주주의는 어느 한 원정의 소유물도 아니다. 또 민주주의는 어느 집권 세력을 위한 완상물(玩賞物)도 아니다. 민주주의의 성장은 오로지 온 국민이 간 터전에서 온 국민의 손길로 가꾸어져, 온 국민의 참여로써만 가능한 것이다. 그러므로 원정이 있다면 그는 온 국민이다.

_ "조화(造花)의 민주주의엔 열매가 없다," 「사상계」 권두언 (1967년 5월호)

국민의 자유권과 수익권을 보장하라

무릇 의회가 정상화되기 위해서는 그 의회를 구성하는 선거가 정상화되어야 함이 그 대전제요, 또 선거가 정상화되기 위해서는 오로지 민권의 정상 확립 보장이 그 대전제이거늘 어찌 국민의 민권이 금력과 관권 앞에 여지없이 유린당하는 정치풍토에서, 국회의 정상화만을 외칠 수 있는가. 가능하다면 박 정권만을 위해서는 가능할는지 모르는 일이다.

그러므로 민권의 정상화를 위해서 민권투쟁의 기치를 우리는 올리지 않을 수 없는 것이다. 국민의 자유권과 수익권의 기본권리가 보장 확립되지 아니하고서는 국회의 존재 이유가 무의미한 것이다. 그러므로 유 당수도 "주권은 흥정의 대상이 될 수 없다"고 일찍이 천명하지 않았던가. 우리 최후의 보루는 민권이라는 이름의 자유수호신이다. 이 신은 민주주의를 다스리는 제왕이요 주권자의 양심이다.

_ "머리를 숙이라 민권 앞에," 「사상계」 (1967년 10월호)

책임자의 위치를 자각하라

신민당은 박정희 수반에게 선거 부정에 대한 시인과 사과를 요구하고 있다. 이것은 결코 자연인 박 씨에게 요구하는 것이 아닌 것으로 안다. 집권당의 총재로서, 또 선거 당시 최고 책임자의 위치에서, 국민에 대해 자백하고 민권 앞에 경건히 머리를 숙여 달라는 엄숙한 청원일 수도 있다.

_ "머리를 숙이라 민권 앞에," 「사상계」 (1967년 10월호)

주권자의 뜻에 경건히 머리를 숙이라

민주주의 앞에 모자를 벗어 달라고 하는 주권의 요구는, 그에게 굴욕일 수 없고 오히려 민주주의 대도를 위한, 우리 민족의 염원인 민주사회 발전을 위한, 그의 명예가 될 수 있는 기회이다.

그가 민권 앞에 머리를 경건히 숙일 때, 비로소 그도 역시 민주주의를 지향하고 있다는 신념을 보장받게 될 것이다. 왜냐하면 이번 두 차례의 선거가 그의 집념을 민주주의적 상식 밖으로 내보였기 때문이다. 신민당의 요구는 결코 야당인의 요구가 아니다. 야당을 위해 정치를 할 수 없다는 그의 말이 무엇을 포함하고 있는가? 주권자의 의사가 야당을 통해 반영되고 있는 면은, 아예 무시될 수 있다는 그의 정치관이 그대로 표현된 것일 수도 있다. 그렇다면 그는 '야당 없는 의회민주주의'의 창시자로서 영원한 이름을 길이 가질 것인가?

_ "머리를 숙이라 민권 앞에," 「사상계」 (1967년 10월호)

장차 이 나라는 어쩌될 것인가?

신민당이 당론으로 개정을 반대하던 '향토예비군 설치법'의 개정법률안이, 드디어 집권당만으로 변칙국회에서 통과되는 시간에, 난 본회의장이 아닌 방청석에서 그 순간을 지켜보고 있었다.

다른 신민당 의원들과 같이 퇴장을 함으로써, 소수의사가 짓밟히는 의회정치의 새로운 비극을 면하려는 투쟁 방법…, 그러나 나는 이 법률안의 통과에 대해서만은, 똑똑히 나의 두 눈에 기록하고 싶었던 어떤 무의식적 충동에 이끌리어, 방청석에 자리를 잡았던 것이다.

한 나라의 역사의 톱니바퀴가 돌아가는 그 순간이 나에게는 긴장을 주었다. 그것이 원활히 돌아가는 것이 아닌 한, 변칙적으로 어떤 예측할 수 있는 물리적인 힘에 의해 돌아가는 한국사의 톱니바

퀴…, 그 맞부딪는 금속성이 나에겐 짜릿한 암시를 가슴에 꽂아주었다.

'장차 이 나라는 어찌 될 것인가…, 그 발단이 벌써 움직이었고 지금도 반복되고 있다.' 이런 나의 생각이 국정에의 책임을 진 나의 심사에 괴로움을 주는 것이다.

_ "향토예비군 무장의 선행조건," 「신동아」 (1968년 7월호)

참자유와 민권은 하늘이 주는 것이다

참자유와 민권은 하늘에 주는 것이지 어느 임금이나 그 밖의 어느 통치자가 주는 것은 아니다. 그에는 반드시 희생[제물]이 필요하다. 그래서 옛날 중국에서는 백성을 다스리는 것은 하늘의 명(命)에 의하여만 하는 것으로 믿고 그 천명(天命)을 거역하여 악정을 베푸는 왕(王)을 가는 것을 혁명(革命)이라 하였다. 천(天)은 곧 민(民)의 마음을 통해 나타난다. 그래서 민심(民心)을 천심(天心)이라 한다.

_ "죽음에서 본 4·19," 「기독교사상」 (1972년 4월호)

민주화가 분단 극복과 통일의 지름길이다

정부가 입버릇같이 항상 외고 있는 북으로부터의 위협에 대한 협박이나 국제적 경제 불황의 핑계, 또는 부정부패 일소라는 구호

혹은 선심 공세 같은 것으로써 이 국민적 욕구가 수습될 단계는 이미 아님을 다시 밝혀 둡니다.

본인은 북으로부터의 위협이나 경제적 위기 또는 국제간의 고립보다도 바로 이 사태가 지금 우리가 당면한 최대의 국난이라 생각하며 이 어려운 국난을 성공적으로 극복할 수 있는 길은 오직 파괴된 민주질서를 급속히 평화적으로 회복하는 데 있다고 굳게 믿는 바입니다.

민주주의만이 북과 대결할 수 있는 우리의 정신적 지주요, 도덕적 바탕인 것입니다.

_ "박 대통령에게 보내는 공개서한," 「씨올의 소리」 (1975년 1·2월호)

2편

정치 개혁에 대하여

정치인으로 치부한 자는 그것을 나라에 반납하라

속담에 "제 배 부르면 종의 배도 부른 줄 안다"는 말이 있다. 정치는 이따위 소위 특권 계급을 조성하거나 그들의 행패를 위해서 있는 것은 아니다. 백성으로부터의 수임 사항을 철저히 또 진실되게 수행하기 위해서 있는 것이다. 백성의 실정을 정확하게 알고 그들과 더불어 괴로움을 같이할 수 없는 자는 모리배는 될망정 정치인은 될 수 없다. 이를 실천할 각오 없는 자는 나라와 백성의 이익을 위해서 하루속히 물러나라. 정계에 발을 들여놓은 후로 치부한 자는 이를 나라에 반납하라. 고각거실(高閣巨室)을 장만한 자는 이를 공공의 이익에 제공하라. 자신은 호화에 젖어갈수록 사욕의 구렁에서 백성을 짓밟으면서 무엇으로써 정치를 한다고 할 작정인가? 이로써 과연 후세에 대한 면목이 있다고 생각하는가? 역사의 심판을 감당할 자신이 있는가?

공산도당은 지금 이 시각에도 재침을 노리고 있다. 이때 대오각성하지 않을진대 한을 천추에 남길까 두려워하지 않을 수 없다.

양식의 종언을 애도하는 동시에 그 부활을 갈망하는 소이도 여기 있는 것이다.

_ "양식의 종언," 「사상계」 권두언 (1957년 7월호)

일주명창(一炷明窓)의 자세로 살라

1958년을 맞이하면서 우리는 우리의 뜻을 같이하는 모든 인사들에게 뜨거운 감사를 드리는 동시에 앞날의 행운을 빌어마지 않습니다.

돌이켜 생각하면 이 고난에 찬 시대에 이 사업으로 하여금 해를 거듭하여 5년째 신년을 맞이한 것은 오로지 뜻을 여기에 두고 성(誠)을 기울여 광야에 외침을 듣고 암야(暗夜)에 횃불을 마련하고자 하는 무사고매(無私高邁)한 이들의 집결된 결의라 하겠습니다. 이것은 비단 어떤 부분이나 한 개 단체의 기복(起伏)에 관한 문제가 아니라 민족 전반에 편재(遍在)한 마음의 등불이 생생하게 살아 있고, 합쳐서 요원의 불길이 되는 날 암운이 걷히고 번영의 햇살이 다시 비칠 가능성을 증좌(證左)하는 것이기에 우리는 경건한 마음으로 희망을 간직하려는 것입니다.

_ "새해의 기원," 「사상계」 권두언 (1958년 1월호)

고난 앞에 절대 굴복하지 않는다

우리는 온 세상이 가장 캄캄한 구렁에 처해 있던 사변 당시, 암흑에서 한 줄기 광명의 실마리를 찾아보려는 절실한 염원에서 출발한 이후 오랜 세월을 두고 고난의 가시밭길에도 굴치 않고 오늘에 이르렀다. 앞으로도 절대 굴치 않을 것이다.

모함 · 중상 · 불법에 대한 투쟁은 우리의 원하는 바요, 우리의 존재이유 또한 여기 있음을 항시 잊을 일이 없다. 버들로 굴하느니 보다 대로 꺾이는 것을 우리는 숭상한다.

또한 우리는 승리와 나아가서 발전이 우리의 앞길에 있음을 의심치 않는다. 강호의 모든 의로운 독자들과 불의 · 부정을 증오하는 뭇 인사들이 우리의 편에 있음을 굳게 믿는 동시에 파쟁 모함 따위 추한 풍조를 극복하고 멸망에서 일어서는 일은 우리 각자 나의 중한 책임임을 알기 때문이다.

_ "파쟁 · 모함 · 멸망," 「사상계」 권두언 (1958년 2월호)

다 같이 잘 사는 길은 민중을 깨우는 것이다

우리는 민주 국민으로서 완전한 권리를 찾기 위하여, 우리의 이익을 확보하고 이를 충실히 하기 위하여 하루속히 민도를 높여야 한다. 뜬구름을 잡으려고 도시에서 방황하지 말고 뜻있는 청년들은 향촌으로 돌아가라. 관에 굴복하는 것을 운명같이 생각하고 정사(政事)에는 참여할 꿈도 못 꾸며 집권자들의 행패에 헐벗고 배고파 우는 농민, 어민들을 깨워 일으키라. 민도의 향상만이 특권의 횡포를 막는 길이며 민이 잘살 수 있는 길이다.

우리가 국가를 영위하는 목적은 우리가 다 같이 잘살기 위함이다.

_ "민심의 방향," 「사상계」 권두언 (1958년 6월호)

공무원은 국민에게 봉사한다

민주국가에는 관료란 것이 있을 수 없다. 오직 국민에게 봉사하는 공무원이 있을 따름이다. 일제 사십 년에 보고 배운 것은 일제 관원의 행패와 압제뿐이었고 8·15 이후 미군정의 실정은 일체 충복들의 득세를 조장하여 그 기풍은 마침내 전 관계에 퍼져 공무원은 그 분(分)을 잊고 이민족을 지배하는 악랄한 관료로 변모하여 가고 있다. 이로써 일개 지방의 기관장만 되면 마치 그 지방을 지배하는 분봉왕(分封王)이나 된 듯, 그 위세를 떨치려 들고 백성을 초개만치도 돌보지 않으니 한심사가 아닐 수 없다. 모든 관원이 공무원으로서의 분을 완전히 지키는 날 민주정치의 기틀은 서게 된다.

_ "민주정치의 확립을 위하여," 「사상계」 권두언 (1958년 11월호)

두 정당이여, 국민이 신뢰할 수 있는 대공당이 돼라

현대적 민주정당이라면 반드시 정책을 앞세워야 한다. 그리고 그 정책은 항상 여론의 비판을 받아야 하며 그 비판에 복종하여야 한다. 그리고 정당 대 정당의 투쟁은 어디까지나 정책에 대한 시비 투쟁이어야 하며 반대당에 앞설 수 있는 정책을 항상 제시하여야 한다. 그러나 우리의 야당은 '이것은 틀렸다'는 연발할망정 '이것이 더 낫지 않은가'하는 건설적 태도를 보여주지 못하고 있으며 우리의 여당은 전국의 비등하는 여론은 돌보지도 않고 오직 사리 수호에만 혈안이니 자가의 이익을 위하여 살육의 비극을 거듭하던 붕당과 다름은 무엇이겠는가. 여당은 협잡과 폭력으로라도 정권을 유지하여 보겠다는 어리석은 생각을 버리라. 야당은 여당의 비(非)를 욕하는 것만으로 국민의 인기를 끌고 있는 자리에서 떠나 건설적 정책 수립에 전력을 기울이라. 두 정당이여, 국민이 신뢰할 수 있는 대공당(大公黨)이 돼라.

_ "민주정치의 확립을 위하여," 「사상계」 권두언 (1958년 11월호)

법치의 기준이 과연 무엇인가?

정(正)에 있어야 할 법치의 기준은 건(件)에 따라 정(政)에 흐르고 사(事)에 따라 정(情)에 흘러 국가 생활의 원칙을 잊어버린 채 그 상(狀)을 은폐하기에 급급하게 되었고 결과로서는 백성의 치법자에 대한 의혹은 날로 자라고 지도자들에 대한 신뢰는 달로 줄어들어 백성이 정부를 믿지 않고 정부는 백성을 의심하게 되었다. 관은 위혁(威嚇)과 혹형(酷刑)으로써 민(民)에 임(臨)하려 하게 되고 민(民)은 공포와 반항으로 내 정부를 대하게 되어가니 이 얼마나 슬픈 일이겠는가.

_ "기준의 전도," 「사상계」 권두언 (1958년 12월호)

민권을 쟁취하는 힘은 날로 자란다

"자유의 나무는 피를 마시고 자란다"는 말도 있습니다. 우리가 특권에 항거하여 민권을 쟁취하려는 힘이 자라면 자랄수록 이를 막으려는 무리의 행위는 날로 악랄하여질 것입니다. 그러나 우리에게 씌워질 모든 억울한 사슬은 그 강인의 도를 더할수록 우리를 더욱 깨우쳐 주고 더욱 반발케 하며 더욱 힘 있게 하여줄 뿐입니다.

_ "새해는 '민권의 해'로 맞고 싶다,"「사상계」 권두언 (1959년 1월호)

부패와 정쟁을 멈춰라

협동과 호양(互讓)은 그 자취마저 잃어버린 채 당쟁과 모함만을 일삼던 역사를 계승한 우리 사회는 오늘도 이 악몽의 도가니 속에 묻혀 부패와 정쟁만을 조장시켜 가는 현상을 면치 못하고 있다. 몸이 이 겨레의 핏줄을 받은 몸이기에 나라가 우리와 우리의 후손들이 살아갈 나라이기에 이 어지러운 현실을 눈물 없이는 바라볼 수 없다.

_ "이 길 위에 서서,"「사상계」 권두언 (1959년 4월호)

법에 국민의 생명과 재산을 맡길 수 있는가

법이 힘을 가짐은 그 법을 집행하는 이들의 엄정보다도 국민의 의지가 집중된 권위에 의함이며, 또 그 법 자체의 예지(銳智)에 의존하는 예가 더욱 많다. 모든 국민이 그 법을 아껴야 되고 그 법에 그 생명과 재산을 흔연히 맡길 수 있게 될 때 그 법은 생명을 가지게 되며 권위를 가지게 된다.

_ "행정수뇌들과 입법자들을 향하여," 「사상계」 권두언 (1959년 5월호)

국민을 공포 속에 몰아넣는 법은 법이 아니다

청지기의 행패에 노기를 띄운 주인의 얼굴이 보이지 않는가. 백성은 순진하다. 순진하다기보다는 진정으로 나라를 사랑한다. 그러므로 이렇게 통과시켜 놓은 법일지라도 우리가 그런 이들을 민의원으로 선출한 것이 잘못이라는 책임을 지고 지킬 것이다. 그들 중 그래도 다소의 총(聰)과 명(明)이나마 지닌 이 있다면 백성의 마음을 읽을 수도 있으련만, 주인의 노기를 볼 수도 있으련만, 국민에게 활기를 주지 못하고 희망과 희열을 품고 일에 임하지 못하게 하는 정치는 정치가 아니며 국민을 공포 속에 몰아넣는 법은 법이 아니다. 그러므로 국민의 의사에 어긋나는 법은 반드시 철회되거나 수정되어야 한다. 입법이 국민의 일반의지에 합일되어야 함과 같이 또한 행정도 법제정의 이상과 합일되어야 한다. 이 나라의 행정이 법에 따라 이루어지고 이 나라의 법이 백성의 완전한 의사에 따라 제정되는 날 이 민족의 번영의 길은 비롯될 것이다.

_ "행정수뇌들과 입법자들을 향하여," 「사상계」 권두언 (1959년 5월호)

신뢰와 온정이 없는 사회는 죽은 사회이다

신뢰와 온정이 없는 사회는 죽은 사회다. 우리는 언제까지나 이 주검의 사회에서 순간적 향락만을 찾아 헤매이겠는가. 사라지지 않는 이 초연(硝煙)의 자취, 우리의 폐부로 깊이깊이 파고드는 이 독소, 민족을 주검으로 이끄는 이 상처를 어떻게 치유할 것인가. 거족적인 각성이 내려질 때는 온 줄로 안다.

_ "가셔지지 않는 상처," 「사상계」 권두언 (1959년 6월호)

사회 정의의 실현이 정치의 존재 이유이다

도덕의 질서를 바로잡기 위해서 경제의 질서를 바로잡아야겠고, 경제의 질서를 바로잡기 위해서 정치의 질서가 바로 서야겠다. 고인(古人)은 정(政)은 정(正)이라고 하였다. 만민개로(皆勞)와 공영(共榮)의 사회정의의 실현이 정치의 존재 이유다. 정치는 그 이상도 아니요, 그 이하도 아니다. 오늘날 정치는 당파의 싸움과 폭력과 모략의 대명사로 화한 감이 있으니 통분할 일이 아닐 수 없다. 후진사회의 후진성을 재빨리 극복하는 첩경은 실로 옳은 정치의 확립에 있다.

_ "8·15의 반성," 「사상계」 권두언 (1959년 8월호)

정의는 정치의 목적이고, 권력은 정치의 수단일 뿐이다

정치의 목적은 사회적 정의의 실현에 있고, 그 수단으로서 권력
이 있다. 정의는 정치의 목적이고 권력은 정치의 수단이다. 그러므
로 정의와 권력과의 가치 질서는 준엄 명료하다. 그것은 결코 전도
될 수 없는 일이다. 우리는 권력과 정의에 관한 명확한 개념과 확고
한 신념을 가질 필요가 있다. 왜냐하면 권력과 정의는 민주주의정
치의 수단과 목적이요, 민주주의는 국민의 나아갈 소연(昭然)한 정
경대도(正經大道)이기 때문이다.

_ "권력과 정의," 「사상계」 권두언 (1959년 9월호)

지도자의 선택이 민족의 앞길을 결정한다

"상구재 신잔목"(上求材 臣殘木)이란 말이 있다. 군주가 소량의 재
목을 구하면 그 신하들은 원하는 목재를 진상키 위하여 온 산의 대
목(大木)들을 모조리 찍어낸다는 뜻이다. 생각 있는 정치 지도자라
면 한번 새겨봄직한 말이다.

_ "정치하는 사람들," 「사상계」 권두언 (1959년 11월호)

지방 사람들을 위한 나라는 어디에 있는가

한국은 도시 사람들만을 위하는 나라라는 말이 있다. 심지어는 "지방은 서울 사람들을 위하여 있는 식민지가 아니냐"는 극언까지 있다. 지금 우리나라에서는 정치, 경제, 문화의 모든 발걸음이 오직 서울 중심으로 옮겨지고 있다는 것만은 부인할 수 없을 것 같다. 이 결과로 서울을 비롯한 큰 도시는 직장 없는 사람들의 유입으로 인구만 팽창하여가고 한편 지도자도 없고 중앙의 협조가 부족한 농어촌은 날로 피폐를 더하고 있다. 그들은 오직 말단 관원들의 무계획한 지휘 밑에 이리 움직이고 저리 밀려가며 원시적 생활방식만으로 되풀이해 나갈 뿐이다.

_ "향촌의 재건을 위하여," 「사상계」 권두언 (1960년 1월호)

밑받침과 속심 없는 껍데기는 가라

자부와 긍지란 인간이 그 책임을 다하였을 때와 보람 있는 일을 남겼을 때에 생기는 법이다. 나라 살림에 어두운 우리는 우선 선진 여러 나라의 제도와 문물과 작풍(作風)을 모방하는 것으로 첫발을 내디뎠다. 그런데 우리의 모방은 미처 그 밑받침과 속심을 살피지도 못한 것인데다가 그 운영의 묘마저 얻지 못하여 마치 모래 위에 세운 성과 같은 위태로움을 면하지 못하고 있는 현상이다. 무리하게 쌓아놓은 우리의 터전에는 틈이 가기 시작한다. 나라에 큰일이 있을 때마다 이 터전의 틈새는 더욱 커지고 그 틈을 타고 꼬리를 물고 나타나는 반시대적인 모든 현상은 나라의 장래를 가리는 크나큰 암영(暗影)이 된다. 지도층의 명(明)으로 이 틈새를 막고 민도(民度)의 향상으로 이 터전을 다져 외우(外憂)를 막고 내정(內政)을 정비해야 할 때이다. 그러나 우리 지도층은 이러한 틈새와 민우(民愚)를 기화(奇貨)로 사리(私利)에만 도취하여 갖은 추(醜)를 다 드러내고 있으니 한탄사가 아닐 수 없다.

_ "선진의 영예와 아름다운, 전례를 바라면서," 「사상계」 권두언 (1960년 2월호)

정치인들은 싸움을 걷어치우고 대동의 길을 찾으라

　민주당의 신·구파 싸움이 어떻게 낙착을 이룰는지 모르지만 이제 이 싸움처럼 대의명분이 서지 않는 것이 없다. 신·구가 갈리우고 노소가 갈리우고 남북이 갈리우는 이 정쟁은 흡사 이조 시대의 사색당쟁을 방불케 하는 것인데 그 파쟁의 앞장서는 자들은 도대체 자기가 무엇 때문에 누구를 위하여 싸우는가 하는 점부터 반성해 주기를 바란다. 아무리 정권 획득이 지상목표로 알고 있는 자라 하더라도 정쟁에는 대의명분이 있어야 하는 것인데 순전히 권력욕 때문에 부질없는 정쟁만 전개하여 나라가 몇 조각으로 갈리운다 하면 어떻게 공산당을 막아낼 수 있을 것이며 어떻게 국민 대중의 정당한 욕구를 충족시킬 수 있겠는가. 정객들은 싸움을 곧 걷어치우고 대동의 길을 찾아 새나라 새살림의 건설에 지금 곧 주력 행동토록

하라.

_ "지금 곧 행동하라," 「사상계」 권두언 (1960년 9월호)

혁명은 위로부터 시작되어야 한다

혁명은 지도층의 뇌리에서부터 시작되어야 한다. '부패하였던 자유당 정권의 작풍부터 일신시켜야겠다' 하거늘 현 정권과 우리 지도층에서도 옛 모습 그대로밖에는 엿볼 수 없다고 한다면 국민의 실망은 말할 것도 없고, 저주 외에 나올 것이 없지 않겠는가. 여야 지도자들의 검속한 옷차림과 난국을 타개하려는 성심과 성의에 가득 찬 행동은 진정 국민이 보고 싶어 하는 것들이다. 대외적인 위신과 체면도 좋으나 헐벗고 굶주린 국민과 더불어 살아야 할 대내적인 현실이 더욱 긴박한 줄로 안다. 이제 새해부터는 어린 학도들의 채찍에 이리 쫓기고 저리 휘둘리면서도 벗어나지 못하던 낡은 생활을 깨끗하게 청산하고 청신한 기풍을 정계의 지도층에서부터 일으켜주어야 할 줄 안다. 지도층이 선두에 서서 신생활운동의 실을 보이고 국민에게 적극적인 참가를 촉구하게 될 때에 비로소 이 사회에는 명랑이 깃들리라.

_ "1961년을 맞으면서," 「사상계」 권두언 (1961년 1월호)

근로 없이 자립경제와 민주적 통일이 있을 수 없다

미군정, 이승만 체제, 제2공화국 등 해방 이후 몇 개의 정치형태를 겪고 다난한 내외정세에 부대껴오면서 우리들은 많은 정치적 교훈을 얻었다. 어떠한 기발한 계획과 유리한 조건과 진지한 노력이 있어도 우리나라에다 미국의 풍부와 영국의 난숙한 민주주의와 스칸디나비아의 복지사회를 단시일 내에 동시에 실현할 수 없음을 우리들은 잘 알고 있다. 우리가 바라는 것은 그러한 가공적 이상의 현실이 아니라, 오늘보다 내일이 보다 좋고, 내일보다 모레가 좀 더 행복할 수 있는 사회, 요컨대 전진하는 조국이다. 그리고 그러한 조국의 건설은 근로 없이 불가능하다는 것을 지금 뼈저리게 느끼고 있는 것이다. 근로 없이 안정된 정치가 있을 수 없고, 근로 없이 자립경제가 있을 수 없고, 근로 없이 우리 조국의 민주주의적 통일의 기반이 있을 수 없다는 간단한 진리는 이 땅에서 시급히 실현되어야 한다.

_ "근로만이 살 길이다," 「사상계」 권두언 (1961년 2월호)

5·16 혁명의 주체 세력은 본연의 임무로 복귀하라

가장 중요한 과제는 역시 민주정부로의 복귀의 준비이다. 이것은 공명정대한 총선거의 과정을 필요로 하는 것이며, 그러한 선거는 건전한 민주주의 정당의 육성을 전제로 한다. 혁명주체세력은 그 과업을 수행하고 나면 "참신하고도 양심적인 정치인들에게…
정권을 이양하고" 그 "본연의 임무에 복귀한다"는 것을 전 국민과
전 세계에 선언하고 이미 그 일자까지 공포한 이상, 그러한 정치인
들이 성장하고 힘을 규합하고 정책을 수립, 조정할 정당 활동의 기
간이 길면 길수록 민간정권으로 복귀하는 것은 물론 중요한 일이지
만 그보다도 더 중요한 것은 차후의 민족적 지도 세력의 육성이요,
공명정대한 절차를 통하여 정권을 이양함으로써 민주정치의 확고
부동한 전통을 수립하는 일이 아닐 수 없다.

_ "1962년의 과제," 「사상계」 권두언 (1962년 1월호)

민족사회의 정신적 지주를 세울 때가 왔다

우리는 민족의 상징이 되는 지도자를 부르고 있다. 우리도 남의
위인전만을 읽고 감탄하지 말고 제 민족의 위인을 알 때가 온 것이
며 또한 가지고 싶어진 것이다. 이 충무공과 같은 위인을 가진 우리
는 지금 국사상(國史上)의 참다운 민족적 지도자를 마음속에 그리면
서 민족사회의 정신적 지주를 세울 때가 온 것이다. 지도자는 스스
로 나타나는 것이 아니요, 국민이 만드는 것이며 대중 속에서 솟아
오르지 않으면 안 된다. 그러나 과거 우리 사회에서는 "사촌이 땅을
사면 배 아프다"는 심리로 가득 차 인재가 클로즈업되기가 무섭게
온갖 모략, 중상을 다해서 매장시켜 버리는 것이 일쑤였다. 그러므
로 기둥이 없는 집을 세우는 고역을 스스로가 감당해야 하는 역경

속에서 우리는 다시금 민주주의재건을 위한 민주적 지도 세력과 지도자를 발견해야 하는 난관에 직면케 된 것이다.

_ "지도자를 고르는 마음," 「사상계」 권두언 (1962년 10월호)

민심의 소재가 어디에 있는가

무엇보다 우리의 최대의 관심사는 국민의 따스한 신뢰감과 동의를 얻어 새 민간 정부가 탄생하는 일이며 국민으로부터 정권을 탈취하려고 한다는 인상은 아예 주지 말기를 바라는 것이다. 유형 무형의 비정상적인 수단에 의한 정권 장악을 인습화하여 '평화로운 정권교체의 자유'를 침해한다면 파시즘에의 파국이 남아 있을 따름일 것이다. "민심은 천심이다"라는 말은 자유당 정권 붕괴 전에 나온 말이다. 민심의 소재가 어디 있는가를 다시 한번 살펴볼 마음의 여유를 가지고 새 공화국의 여명을 어둡게 만들지 말기를 바란다.

_ "국민의 '침묵의 소리'에 귀를 기울이라!," 「사상계」 권두언 (1963년 2월호)

군의 정치적 중립을 염원한다

아직 늦지 않았다. 민주 한국 갱생의 은인이 될 수 있는 길은 아직도 남아 있다. 군은 본연의 자세로 돌아가고 공약대로 실천하는 길이 남아 있을 따름이다. 혼란과 분쟁을 이 이상 더 조장하고 국민을 우롱한다면 주체 세력이나 구정치인 공히 준엄한 역사의 심판을 면할 수 없을 것이다. 혁명 당국은 박 의장의 충주 발언이 애국애족의 충정임을 알고 정치나 정당에서 일체 손을 떼고 공정한 선거관리의 책임을 다하면 그만이다. 우리는 군의 정치적 중립을 염원하며 정치에 의한 오염화를 경계한다. 군을 정쟁 도구로 삼는 전례를 일소하고, 관권에 의한 정당 조직을 무로 돌림으로써 새 공화국을 깨끗한 기반 위에 올려놓아야 한다. 그리고 군인답게 깨끗이 정권을 이양하고 정파에 초연한 준열한 도덕적 견제 세력이 되기를 바란다.

_ "국민의 '침묵의 소리'에 귀를 기울이라!," 「사상계」 권두언 (1963년 2월호)

정치인들은 거국적 민주주의 재생의 대도로 나서라

외우내환의 한국을 감당할 자격을 갖춘 정당은 그 어느 것인가? 이러한 제2의 난관 앞에서 우리는 또다시 구정치인들 자신이 학생·지식인의 불만을 사게 되어 그 혼란이 비정상적 정권 장악을 되풀이하게 만들지나 않을까 심히 우려하는 것이다. 진실로 민족의 장래를 우려하는 정치인이라면 사리 당리를 떠나서 거국적 민주주의 재생의 대도(大道)로 나와 주기를 바란다.

_ "민주주의의 동은 터오는가?," 「사상계」 권두언 (1963년 3월호)

구악도 신악도 악은 악이다

우리는 군정 당국과 정치인들이 다시 한번 반성해서 국기(國基)를 바로잡을 길을 열어야 한다. 선거에서 승리하는 것이 능사가 아니다. 선거 후 국민의 지지를 못 받는 정권이 며칠을 가겠는가? 총칼로 만사가 해결되는 것은 아니다. 감옥도 계엄령도 국민의 힘 앞에서는 마침내 굴복하고 마는 것을 역사는 증언하고 있다. 국민은 지금 양자를 모두 선택할 수 없는 비애 속에서 새로운 민주적 지도세력을 애타게 갈구하고 있다. 기성정치인들도 군정도 그들이 자유주의의 존립을 진정으로 염원한다면 구두선(口頭禪)만으로가 아니라 행동으로 보여주어야 한다. 소위 구악도 신악도 악은 악이다. 악의 씨는 그 종자가 다르다고 자꾸 뿌리고만 있을 수는 없다.

_ "구악과 신악은 다 같이 물러서라!," 「사상계」 권두언 (1963년 10월호)

정치적 선전구호에 속지 말라

민족주의는 신생제국(諸國)뿐만 아니라 자유사회의 자주정신으로 우리가 소화해야 할 고귀한 국민적 자세로서 긍정되어야 한다. 그러나 선거는 논쟁과 그 이전의 정치적 여건을 참작하고 군인지배의 체질을 고려할 때 민족주의라는 간판 아래 센티멘탈한 국가 지상주의, 복고주의를 통해 한국을 다시 고립시키는 파시즘의 길과 직통되고 있는 측면도 소홀히 할 수는 없다. 파시즘은 '천의 얼굴을 가진 사나이'라는 말과 같이 자기의 수성(獸性)을 은폐할 수만 있다면 여하한 가면도 쓰는 것이다. 더욱이 민주주의나 민족주의는 파시즘이 사용하는 탈이다. 가면과 본색을 구별하는 노력이 필요케 되었다. 정치적 선전구호의 매직에 속아서는 안 된다. 주의나 슬로건이 밥을 주는 것도 아니요, 주체성을 주는 것도 아니니 말이다.

_ "누가 국민을 기만하고 있는가?,"「사상계」권두언 (1963년 11월호)

정부는 부패와 결별하여 국민의 신뢰를 되찾아야 한다

정부는 국민 각자가 자기의 파트를 발견하고 협력할 수 있는 구체적이고도 명확한 방향을 제시하여야 하며, 온 국민이 열정적으로 그리고 꾸준히 내핍 전열에 참가할 분위기를 조성하여야 할 것이다. 내핍은 소비를 절약하여 저축과 투자를 늘려야 한다는 정도의 것이 아니다. 국가가 위기에 처했을 때 고하와 빈부를 떠나서 누구나가 한 병원(兵員)으로서 전선에 서는 것과 같이 물밀듯이 닥쳐오는 파탄에 직면하고서 누구나가 다 같이 궁핍에 참고 견디어 나가는 대열의 정비가 필요한 것이다.

이에는 먼저 정부는 온 국민이 믿고 따라갈 수 있는 진두지휘자가 되어야 한다. 과거 2년 반의 군정 기간에 정부는 배신의 상징이었고 부패의 화신이었다는 비난을 면할 수 있을까. 정부가 성공한 것은 정권의 유지뿐이요, 여타의 모든 것, 특히 오늘의 경제 파탄은 그 제물이 되었던 당연한 결과라 할 수 없을까. 정부가 진실로 국민을 이끌고 이 난국을 돌파하고자 한다면 먼저 부패와 결연히 결별하여 국민의 신임을 찾아야 한다.

_ "내핍은 위정자가 먼저," 「사상계」 권두언 (1964년 1월호)

4·19혁명 이후에 건설을 위한 주체는 있었는가

우리는 혁명은 아직 성공을 보지 못하였다. 혁명은 파괴다, 철저한 파괴다. 일부분은 파괴하고 일부분은 수선을 하여 다시 쓰는 것을 혁명이라고는 하지 않는다. 그러나 혁명은 급속한 건설의 뒷받침이 있어야 그 구실을 하는 법이다. 건설의 뒷받침이 있어야 그 구실을 하는 법이다. 그러므로 건설의 뒷받침을 할 수 있는 완전한 기틀이 짜여져 있지 않은 혁명은 걷잡을 수 없는 위험을 내포하게 된다. 혁명 후의 건설을 위한 준비 그 준비를 갖춘 주체 이것이 무엇보다도 중심 요소인 것이라는 말이다. 이것을 모두 결한 것이 우리의 4월 혁명이었다.

_ "다시 한·일 회담을 말한다," 「동아일보」 (1964년 3월 28일)

정의는 살아있는 사회윤리의 최고 가치이다

헌정의 존립은 의회와 사법부의 건강에 달려 있다. 그러나 우리가 망각해서는 안 될 것은 법질서의 존엄성은 그 뒤에 정의가 밑받침되어 있어야 한다는 점이다.

법의 근원에는 정의가 있다. 정의라는 것은 개인의 자유와 행복을 수호하고 증진시키는 것이므로 법이 개인의 권리와 자유를 수호하는 것이 곧 정의의 실현인 것이다. 정의는 살아 있는 사회윤리의 최고 가치로서 단순한 권력에 우월하는 것이다. 그러므로 불의에 대한 고발과 부정에 대한 비판, 이는 법이 그 권리를 옹호하는 것이다.

_ "자유민권의 길," 「사상계」 권두언 (1964년 7월호)

정치적 민주주의만이 아닌 사회 경제적 민주화를 실천하라

우리는 국가와 민족을 추상적으로 강조해왔지만, 그 기반으로서의 구체적인 사회가 있음을 경시해 왔고, 형식적으로 정치적 민주제도만 수립되면 만사는 스스로 해결될 것으로 착각하여 민주주의가 경제적·사회적으로 실천되어야만 비로소 민중 속에 그 뿌리를 박을 수 있다는 진리에 생각을 돌리지 않았다. 그러므로 우리는 후진국에 있어서의 사회개혁의 중요성을 망각하기 쉬었던 것이다. 오늘의 현실은 절실히 우리들의 사고의 코페르니쿠스적 전환을 요구하고 있다.

_ "견실한 사회개력의 비전을 확립하자!," 「사상계」 권두언 (1964년 8월호)

사회 빈곤의 문제는 그것을 극복하려는 두뇌와 투지의 빈곤 문제이다

새 술은 새 부대에 넣어야 하듯이 새 시대의 민주주의는 새로운 방향으로 발전되어야 한다. 해방 19년의 우리의 고민은 무엇인가? 빈궁, 무지, 니힐리즘, 데카당, 도피주의, 부패, 색정풍조, 무책임한 광고 문화, 소년범죄 등 우리가 제거해야 할 독소는 너무나 그 힘이 커가고 있다. 사람들은 우리 사회의 빈곤을 슬퍼하고 있지만, 진정으로 슬퍼할 것은 경제적 빈곤보다도 그것을 극복하려는 두뇌와 투지의 빈곤이다. 우리는 지금 획기적인 사회개혁의 요청 앞에 서 있는 것이다.

_ "견실한 사회개력의 비전을 확립하자!," 「사상계」 권두언 (1964년 8월호)

정의를 떠난 법을 거부한 혁명은 어떠한 법질서를 세우려는가?

법이 정의를 떠나서 질서만을 내세우고 그것을 강제력으로 밀고 나가려고만 할 때는, 법의 파괴를 정의로 생각하는 새로운 가치의 질서를 주창하는 사람이 나타나게 된다. 이른바 혁명가들이 바로 이런 사람들이다. 혁명은, 실로 국민의 마음을 떠났기 때문에 정의라고 인식되지 않는 질서를 강요당할 때 이를 거부할 뿐만 아니라, 그들이 정의라고 믿는 바 가치를 실현시킬 수 있는 질서를 법질서로 승화시키려는 극렬한 행위인 것이다. 이른바 혁명 후의 숙청이라는 것도 국헌 문란 행위나 불법 반역 행위라고 법적으로 규정되지만, 혁명가 자신들이 행한 바와 같은 기존 법질서에 대한 정의가치(正義 價値)의 부정행위와 동일한 행위를, 새로운 법질서에 대하여 행하려는 것과 이를 벌하려는 것을 내용으로 하는 가치관의 충돌에 불과하다 하겠다.

_ "법의 정신과 질서,"「사상계」(1965년 11월호)

민권의 이름으로 부정선거의 책임을 추궁한다

6·8사태가 과연 '전국적으로 자유롭고 비교적 평온한 기운데서' 야기된 사태이냐? 무엇이 벌써 저들의 눈과 귀를 가리게 했느냐? 짐짓, 양심이 고갈되었다면 차라리 말을 말라! '박 정권식 민주주의'엔 종말이 없는 줄 아느냐?

'행정부의 측면지원', '공약남발', '선심선거', '타락선거', '막걸리선거', '대리투표', '유령투표', '주권매입', '빈대표', '피아노표', '다리미표', '공개투표', '천장감시', '주권화장(火葬)', '무더기표' 등등의 근대악을 규탄하면서 그 책임을 민권의 이름으로 추궁하는 바이다.

우리는 진정 유령유권자의 대리투표에 의해서 당선된 집권자들의 취임식에 유령들의 축하 박수를 듣고자 하지 않음을 선언한다.

듣느냐? '지도자'들이여!

_ "일천만 유권자를 우롱하는 자 과연 누구냐?,"

「사상계」권두언 (1967년 6월호)

국민의 마음은 굳게 하나로 모이고 국민의 눈동자는 빛났다

잔은 썼습니다. 그러나 민심은 달았습니다. 정권교체에는 실패했습니다. 아니 야당으로서는 도저히 성공할 수 없는 법제하에서의 선거이니 실패는 당연한 귀결이었습니다. 현행 악법은 주권자의 의지를 잔인하게 도살해 버리고만 것입니다. 그러나 국민의 마음은 굳게 모였습니다. 내일을 약속해 주는 국민의 눈동자는 빛났습니다. 그 눈동자에서는 "잘못된 수단으로 옳은 행위를 하려는 유혹이 바로 큰 반동이다"라는 시인의 말이 튀어나옴을 느꼈습니다.

_ "정견연설문," (1967년 9대 국회의원선거 옥중출마 선거방송 원고)

민주주의가 꽃필 곳은 만인이 가꾼 화단뿐이다

고독한 메아리가 국민을 외롭게 하도록 하지 말라! 심산유곡에 홀로 옳은 소리 외쳐도 들어주지 않는다고 단정될 때, 그것은 타도의 대상이지 결코 참다운 '정부, 우리의 정부'는 아닐 것이다.

스스로 참여하여 법으로 제약되는 자유의 한계는 민주국민으로서 지켜야 할 한계이고, 스스로 참여하여 반영되는 결과는 주장에 상응해서 이행하는 의무가 된다. 이 지극히 평범한 원리가 지금 실천되지 아니하고 하나의 이상적인 이념으로 보장(保藏)되고 있다. 언제고 누구나가 꺼내고 말 것이다. 바라건대 정부가 군이 이를 보장(保藏)하지만 말라. 민주주의가 꽃필 곳은 만인이 가꾼 화단뿐이다. 집권층이 물을 주고 국민이 버릴 때 그 꽃이 필 수 있겠는가?

_ "국토방위와 정신무장," 「사상계」 (1968년 8월호)

자유와 민권을 위한 싸움은 결코 끝나지 않았다

이 땅에는 어느 세월에 가서 참민주주의가 확립되어 참자유와 참민권을 찾아 자손만대가 향유하게 될지는 모른다. 그러나 우리 민족의 역사가 지속되는 한 우리는 그것을 위해서 싸워야 할 것이다.

자유와 민권을 위한 싸움은 긴 세월을 요한다. 그 시발의 테이프를 끊어준 것이 4·19 의거 학생들이다. 그 죽음이다. 우리는 민족의 생명이 지속되는 한, 그것을 쟁취하는 싸움을 계속해야 할 것이다.

_ "죽음에서 본 4·19," 「기독교사상」 (1972년 4월호)

인간의 인격을 향상시키는 법은 어느 것이나 정당하다

"악법도 법이니 지켜야 한다"는 그런 체념의 말이 우리나라에서는 많이 들린다. 그 말이 옳은 말인가 그른 말인가에 대하여 저 약한 자의 아버지요, 방패로 온누리의 약한 자들의 추앙을 한 몸에 받던 마틴 루터 킹 박사의 가장 적절한 말이 있다.

사람은 누구나 정당한 법률에 복종해야 할 합법적인 책임뿐만 아니라 도의적인 책임도 있다. 반대로 사람은 누구나 부당한 법률에 불복할 도의적 책임도 있다. 인간의 인격을 향상시키는 법은 어느 것이나 정당한 법이다. 이와 반대로 인격을 타락시키는 법은 모두 부당한 법이다….

이 얼마나 법에 대한 명쾌한 태도인가?

_ "우리의 현실과 사회정의," 「씨올의 소리」 (1972년 5월호)

3편

역사에 대하여

역사는 불연속적 현실의 무한한 연속이다

역사는 불연속적 현실의 무한한 연속이다. 우리의 현실도 영원한 역사 속에서 일어난 유(唯)일회적인 사건이면서 이 역사를 형성하는 절대적인 계기가 되는 것이다. 그러므로 현실에 대한 정확한 파악 없이 역사는 정당히 이해되지 않으며 역사에 대한 정당한 이해 없이 새로운 역사의 창조나 보다 나은 현실에로의 지향은 바랄 수 없을 것이다. 사고의 필요성은 현실을 합리화시키거나 도피함에 있는 것이 아니라 이를 극복하고 보다 우월한 것으로 향상, 발전시킴에 있는 것이다. 그러므로 사고의 목표는 항상 현실에 대한 가장 정당한 비판과 결함 제거에 두어야 하며, 나아가 새 역사 창조에 두어야 한다.

_「사상계」권두언 (1952년 12월호)

우리 사상은 세계의 민주주의와 호흡을 같이 한다

우리 민족의 가진 바 사상은 우리 민족의 역사와 문화가 살아 약동하여야 하며 동시에 세계 자유 우방의 지향하는 바 민주주의와 호흡을 같이하는 것이어야 할 것이다. 이 같은 사상의 수립은 우리 교육을 만세 반석 위에 서게 하는 첩경이 될 것이다.

_"고원(高遠)한 이상, 문화운동의 명일(明日)의 교차점에서(하),"
「경향신문」(1953년 1월 10일)

인간은 변증법적인 발전과 통일을 이루고 있다

실로 인간은 육체적 · 정신적 통일생명이다. 만약 이것이 순(純) 육체적 존재라면 인간 역사는 직선적인 순화 과정만의 반복일 것이 며, 또한 순 정신적 존재라면 세계는 다만 직선적인 가치향상의 진 보만이 있을 것이다. 그러나 인간은 변증법적인 발전과 통일을 이 루고 있다. 이에 인간은 표현적이며 자각적인 존재라는 연유가 있 는 것이다. 그러므로 이 같은 인간성을 기초로 한 참된 인간관의 수 립은 긴급을 요하는 일로서 이는 곧 고립 · 강조화된 인간성에 잠재 하는 각 요소가 조화통일을 이루는 데 있는 것이니, 여기에서 인류 는 통일과 조화의 인간관, 세계관을 기초로 한 사상과 교육의 대두 를 갈망하게 되는 것이다.

_ "인간과 인격,"「사상계」권두언 (1952년 12월호)

교육은 인권가치를 함양하고 있는 것이다

고래로 교육에 있어서는 항상 인격이 중시되어 왔으며, 교육의 목적을 인격도야에 두려고 하는 경향은 어느 시대에서나 엿볼 수 있는 것이다. 인(仁)을 그 중심 사상으로 한 공자는 "인(仁)의 가치는 곧 인격의 가치니, 인(仁)의 힘은 곧 인격의 힘이요, 인(仁)의 가치는 곧 인격의 가치니, 인(仁)을 행한다 함은 인격적 활동 자체를 의미하 는 것이며, 인(仁)을 구한다고 하는 것은 인격가치의 함양을 기하는 것"이라 하였고, 루소는 "원래 인간은 선과 악의 가능성을 잠재적으로 지니고 있으니 여하히 훈육, 자극, 고무를 가하여 인간을 원만 완전하게 성장 발전시킬 것인가" 하는 것을 교육의 중심 과제로 하였으며, 존 듀이도 "인간을 행복되고 유능하게 도의적이게 하는 것은 교육"이라 하였다.

_ "인간과 인격," 「사상계」 권두언 (1952년 12월호)

세계와 인간에 대한 바른 견해를 가지라

인간 문제는 철학의 궁극 과제임에 틀림없다. 고래로 이 문제의 해명을 위하여 전생을 바친 철학가 종교가들이 허다하였거니와, 이는 비단 철학가 종교가들만의 문제가 아니라 전 인류가 다 같이 지닌 영원한 과제이며 우리 자신의 문제이다. 세계와 인간에 대한 바른 견해는 모든 생활의 표준이 되는 것이며, 바른 표준을 가진 사회·민족·국가에서만 인간의 불안과 의구(疑懼)는 제거될 수 있다.

_ 「사상계」 권두언 (1953년 4월 창간호)

문화를 창조하는 것은 인간의 창의이다

'사회발전'에 있어서 먼저 문제가 되는 것은 문화를 창조하는 인간의 '창의'이다. 그리고 '창의'란 이성인에 한하여 있는 것이며 '창의'를 지닌 이성인의 사회생활에 있어서만 도의니 종교·법률·경제

· 교육 · 예술이니 하는 현상이 발현되며 그 정도에 따라 그 사회를 유지 발전시킴에 필요한 '법칙'과 '질서'가 생겨진다. 그러므로 보다 합리한 '법칙' 위에 정당한 '질서'가 수립되어진 사회가 번영하고 발전함은 마치 노유(老幼)와 남녀가 잘 조화되고 잘 통일된 가정과 같은 것이니 외표(外表)에 나타나는 복식이나 구호를 떠나 합리한 '법칙'과 '질서'에 의하여 인간의 창의가 살려지고 이에 '조화'와 '통일'이 이루어진 사회만이 다시 새로운 발전과정으로 옮겨질 것이다.

_「사상계」 권두언 (1953년 5월호)

우리는 민족 발전에 전환기를 만들 사명이 있다

현실은 역사발전에 계기가 된다. 지금 무엇을 하였으며, 무엇을 하고 있는가 하는 것은 곧 다음에 무엇을 할 것이며 무엇을 할 수 있는가를 보여주는 것이다. 4천 년 우리 민족 역사 위에 그려진 정신생활의 거짓된 양상들은 오늘에 허다히 볼 수 있는 공허와 가식을 재래(齎來)하였고 민족 발전에 커다란 암이 되어 있거니와, 이제 이 현실에 생을 받은 우리는 이 험난하고 악착스러운 현실을 민족의 발전과 향상의 일대 전환기로 만들어야 할 사명이 부과되어 있다.

_「사상계」 권두언 (1953년 6월호)

평화를 위한 전쟁에서 승리하라

이겨야 할 전쟁, 이로써 이루어야 할 평화를 당면과제로 혈투하는 이 민족의 정신생활은? 무력전의 승리가 반드시 정신적 평화를 가져옴은 아니고 정신적 건강과 평화 위한 마음의 준비만이 무력전의 승리를 가져올 것이며 인류의 행복을 약속할 것이다.

_「사상계」 권두언 (1953년 6월호)

무엇보다도 중요한 것은 생각한다는 일이다

사람의 모든 '행위'는 그 '사람됨'에서 시작된다. 그리고 '사람됨'이라 함은 그 '생각'하는 바의 어떠함을 말하는 것이다. 바른 '생각'을 가지지 못한 개인이나 집단에서 바른 비판과 바른 행위가 기대될 수 없음은 엉겅퀴에서 무화과를 구할 수 없는 것과 마찬가지이다. 그러므로 인간이 그 생활을 영위하여 나아감에 있어서 무엇보다도 중요한 것은 '생각'한다는 일이다.

_「사상계」 권두언 (1953년 7월호)

협동으로 인간적 이상은 성장한다

인간적 이상을 주는 교육은 그 국민생활의 수준을 높일 수가 있으며 협동 정신에 불가결한 영양소가 되는 것입니다. 이상을 가지지 못한 자들이 권력 쟁탈을 위하여 연출하는 추태와 자사 자리를 위한 만행과 본능적 동물적으로 발로(發露)시키고 있는 소유욕은 현실 속에서도 흔히 볼 수 있는 현상으로 이러한 모든 행위는 실로 인간사회를 후퇴시키고 있습니다. 인간적 이상은 협동 정신을 성장시킵니다.

_ "협동정신의 발현을 위하여," 「사상계」 권두언 (1955년 5월호)

문학은 선을 지향하여 인간을 정화한다

학문이나 예술의 각 분야를 같은 선상에 놓고 그 우열을 논한다는 것은 지극히 어리석은 일일 것입니다. 그러나 우리의 심령을 직접 뒤흔들고 생명의 원천에 깊은 감동을 주는 것의 하나로 우선 문학을 들지 않을 수 없습니다. 문학이 봉건귀족의 노리개의 신세를 벗어나 근대 시민사회에서 독립된 자리를 차지한 이래, 우리 인류 사회에서 선을 조장하고 악을 제거함으로써 인간정화에 이바지한 바 실로 큰 줄로 알고 있습니다.

_ "문학과 문학인의 권위를 위하여," 「사상계」 권두언 (1955년 7월호)

문학의 권위를 세워라

고난의 길을 걷고 있는 겨레의 아픈 가슴에 한 방울 생명의 물을 부어주고 절망에 허덕이는 젊은이들에게 한 가닥 빛깔이라도 던져주고 나아가 인류문화의 진운에 조금이라도 보탬이 되는 문학을 이룩함으로써 우리는 먼저 문학의 권위를 세워야 하리라고 믿습니다. 문학의 권위가 선 후에야 문학인의 권위는 저절로 서는 것으로 알고 있습니다.

_ "문학과 문학인의 권위를 위하여," 「사상계」 권두언 (1955년 7월호)

모든 잘못의 근원은 나에게 있다

새 세대는 과연 메마르고 예(禮)를 못 가리고 속이 비었습니다. 그러나 우리는 그들의 잘못을 책하기 전에 우선 그 잘못의 근원이 다름 아닌 나 자신에게 있음을 깨달아야 하겠습니다. 옛날 현철(賢哲)은 백성의 괴로움을 보고 나 자신의 혹심한 도독(荼毒)같이 느꼈다고 합니다.

_ "새 세대를 아끼자," 「사상계」 권두언 (1956년 4월호)

젊은 세대를 사랑하라

젊은 세대는 나라의 기둥입니다. 우리는 그들의 잘못을 꾸짖기 전에 우선 나를 꾸짖는 충정이 있어야 하겠고, 그들의 그릇됨을 벌하기 전에 이를 시정하여 주는 친절이 있어야 하겠고, 고난 속에서도 오히려 피어날 환경을 마련해 주어야 하겠습니다.

_ "새 세대를 아끼자," 「사상계」 권두언 (1956년 4월호)

민족 문화를 발전시킬 인재를 키워라

우리가 무엇보다도 가슴 아프게 생각하는 것은 문화 만반에 걸친 황폐입니다. 문화는 하루아침에 이룩되는 것이 아닙니다. 오랜 전통의 바탕 위에 끊임없는 노력으로 쌓아 올린 탑이 곧 문화이기 때문입니다. 아득한 옛날 우리 조상들이 이 땅에 생을 영위한 이래로 그 정성과 얼을 뭉쳐 이루어 놓은 귀중한 문화재의 손실도 가볍게 볼 수 없음은 물론입니다마는 그 이상으로 큰 타격은 일세 압정 하에서도 오히려 굴함이 없이 연면한 문화의 전통을 간직하고 새로운 세계 풍조를 호흡하면서 장래(將來)할 민족 문화의 개화를 고대하던 다시없는 인재들의 손실입니다.

_ "확청(廓淸)과 전진," 「사상계」 권두언 (1956년 10월호)

젊음은 나이가 아닌 열정이다

우리는 여기서 연령의 고하를 논하려는 것이 아닙니다. 진실로 젊음은 자연적인 연령을 뛰어넘어서 누구의 혈관에서나 용솟음칠 수 있는 특질을 가진 것입니다. 그러기에 오늘날 우리 사회에서 흔히 볼 수 있는 젊은 세대에 기대한다는 말은 성립될 수 없는 것입니다. 이것은 현재를 지배하는 노쇠한 족속들이 자가(自家)의 무책임

· 추악 · 간교 · 아유 · 무기력의 책임을 먼 장래로 밀어 버리고 남의 희생 위에서 자기의 기득 이권을 보전하려는 타기(唾棄)할 변명에 지나지 않는 것으로 압니다. 오늘은 어저께의 연속이요 내일은 오늘의 열매일진대, 오늘 이 마당에서 노쇠한 자, 회생의 노력도 없이 어찌 내일의 젊음을 기대할 수 있을 것인지 적이 의문이라 할 수밖에 없습니다.

_ "나라의 생명은 어디 있느냐?,"「사상계」권두언 1957년 5월호)

시야를 넓혀 세계를 바라보라

우리는 우리 자신의 소질과 능력에 대한 정당한 평가를 자각에 의하여 얻어야 한다. 자각은 항상 객관적 관찰이 매개가 되어 이루어진다. 시야를 넓혀 세계를 바라보라. 그리고 다시 자신을 돌보라. 자각 후에 오는 결의만이 새로운 역사를 창조할 수 있다.

_ "자각과 결의,"「사상계」권두언 (1958년 7월호)

문학은 굶주림 속에서도 더욱 풍성하고 풍요로워야 한다

우리의 현실이 굶주림을 아직 면치 못했다 해서 우리의 문학도 또한 굶주려야 한다는 이유는 없다. 그리고 우리가 굶주림을 탈각하겠다는 필사의 노력을 하고 있는 이 마당에 우리의 문학이 보다 더 왕성해지고 풍요해야 할 충분한 이유가 있는 것이다. 하루아침에 이루어지지 않는 것은 물론 로마의 장엄뿐만 아니다. 문학과 예술의 영광 또한 하루아침에 이루어질 수는 없을 것이다. 그러나 그럴수록 우리는 우리의 문학에 더 요구하고 싶고 더 기대하는 마음 간절하다. 민족의 문화적 향연을 베풀 수 있는 가장 영광스런 선량들, 그대들의 짐은 무겁고 길은 먼 것이지만, 그러나 전도에는 희망이 깃들고 보람이 있다.

_ "100호 기념 특별 증간호를 내면서,"
「사상계」 권두언 (1961년 100호 기념 특별 증간호)

사상계는 청년들의 등불이 되고, 지표기 될 것이다

이 지중한 시기에 처하여 현재를 해결하고 미래를 개척할 민족의 동량(棟梁)은 탁고기명(托孤寄命)의 청년이요, 학생이요, 새로운 세대임을 확신하는 까닭에 본지는 순정무구한 이 대열의 등불이 되고 지표가 됨을 지상의 과업으로 삼는 동시에 종으로 5천 년의 역사를 밝혀 우리의 전통을 바로잡고, 횡으로 만방의 지적 소산을 매개하는 공기(公器)로서 자유·평등·평화·번영의 민주사회 건설에 미력을 바치고자 하는 바이다.

우리의 소신이 그러했기 때문에 「사상계」는 단순히 소식을 전달하고 지식을 소개하는 의식 없는 계몽지로서 자처할 수는 없었다. 민주주의를 구축하고, 사회정의를 천명하고, 민족적 자세를 바로잡는 방향에서 우리들은 자신의 떳떳한 주장과 이념을 내세워야 했고 타락한 자유당의 폭정과 과감히 싸우지 않을 수 없으며, 무위 무능했던 민주당의 시정을 가차 없이 비판하지 않을 수 없었다.

_ "우리는 왜 「사상계」를 내는가?," 「사상계」 권두언 (1962년 4월호)

진정한 예술은 민족의 정신적 영향이 된다

항용 남이나 우리 자신이 우리를 문화민족이라고 한다. 반만년의 역사와 문화가 실증하듯 확실히 우리는 '비문화'적 족속은 아니다. 그러나 우리의 예술처럼 사회의 무지와 냉대 속에 그 천품(天稟)을 매몰당한 경우도 또한 드물 것이다. 버림받은 예술가가 호구(糊口)의 길에 급급하여 그들의 재능을 낭비하는 곳에 어찌 좋은 성과를 기대할 수 있을 것이며, 국민이 문화에 외면하고 사는 곳에 어찌 좋은 성과를 기대할 수 있을 것이며, 국민이 문화에 외면하고 사는 곳에 어찌 내일의 찬란한 개화를 기약할 수 있겠는가. 매스커뮤니케이션의 거센 흐름을 탄 대중의 오락에의 기호가 값싼 쇼나 관능만을 자극하는 저속한 구경거리에 흐르지 않고, 민족의 정신적 영양이 될 진정한 예술을 위해 한 사람이라도 더 많은 독자와 관객, 청중과 애호가를 우리가 확보하여야만 비로소 이 땅에도 르네상스가 올 것이다.

_ "이 땅에도 르네상스가 도래해야겠다," 「사상계」 권두언 (1962년 5월호)

과학적 예견을 가지고 희망찬 미래를 설계하라

과학 문명이 무르익는 20세기 후반기에 그래도 문맹률이 비교적 낮다는 우리 사회가 왜 내일을 내다볼 능력조차 갖추지 못하고 이와 같이 우왕좌왕하는가? 과학적이란 간단히 말하면 일정한 법칙하에 있는 몇 가지 요인의 상호작용은 반드시 일정한 결과를 가져올 것이며 이와 같은 인과관계로 세상만사가 설명된다는 태도일 것이다. 따라서 어떤 요인과 그 법칙이 제시되면 반드시 이에 따를 결과를 예견할 수 있고 그 예견에 자기의 의욕이 가하여질 때 계획이 설 수 있다. 그와 같은 계획은 이루어질 것이 확실하므로 자신을 갖고 희망에 가득 찬 장래를 갖는다.

_ "과학하는 정부, 과학하는 국민," 「사상계」 권두언 (1962년 7월호)

우리는 평화와 더불어 문화와 예술을 애호한다

우리 한국인은 본시 평화와 더불어 문화와 예술을 애호하는 민족으로 알려져 왔다. 그 오랜 역사의 어느 한 장을 펼쳐보아도 우리 조상이 무취미하고 몰지각하게스리 반달리즘에 흘러 분서(焚書)나 문화의 말살에 광분한 적이 있었다는 기록은 찾아볼 수 없다. 비록 문약(文弱)의 비애는 이따금 되씹지 않을 수 없었고 화조풍월에 저미(低迷)하는 나머지 능동에의 계기를 놓쳐버린 경우는 없지 않았을지언정 문화민족으로서 긍지는 조금도 잃지 않았던 것이다. 우리는 이 점을 우리의 자랑으로 삼아야 될 줄 안다.

_ "'보다 나은 문학'을 위해," 「사상계」 권두언 (1962년 문예 특별 증간호)

타협 없는 작가정신의 확립을 권한다

비평적 풍토의 조성과 더불어 공고한 작가정신의 확립을 우리
는 종용한다. 위대한 문학의 배후에는 언제나 인생과 사회를 향하
는 타협 없는 정신이 소재해 있음을 우리는 느낀다. 그것은 현실을
투시하여 조금의 흐림도 없고 지조를 세우는 데 조금의 굽힘도 없
는 작품 창조의 기본자세가 되어야 할 것이요, 오직 이것을 통해서
만 내일의 비상을 위한 오늘의 준비가 마련될 것이다. 지금 우리 문
학이 가장 아쉬워하고 있는 것은 바로 이 작가 정신의 확립인 것이다.

_ "'보다 나은 문학'을 위해," 「사상계」 권두언 (1962년 문예 특별 증간호)

역사의 심판을 두려워하라

'진인사 대천명'(盡人事 待天命)이란 말이 있듯이 국민이나 정치인
이 제 할 일을 다한 다음에는 과연 이 민정의 고비길을 후대 역사가
어떻게 심판할 것인가? 미루어 보면 좀 무서운 생각이 든다고 하지
않을 수 없다.

_ "역사는 이 시기를 어떻게 심판할까?," 「사상계」 권두언 (1963년 6월호)

5·16은 4·19의 영광을 부정한 것이다

사람은 그 행동에 의해 판단되고, 정부는 그 자세와 업적에 의하여 평가된다. 만일 우리가 역사의 인식에서 오류를 범하지 않으려면 한 정치권력이 퍼뜨리는 구호와 선전의 연막 속에서도 그 정체와 본질을 간파하여야 한다. 명언(明言)하거니와 어떠한 의미에서도 5·16의 쿠데타는 4·19 민주혁명과는 인연이 없으며 정변 초기의 당사자들의 주관적 의도 여하를 불문하고 결과적으로 5·16은 4·19의 영광을 부정 내지는 말소해버렸던 것이다. 그러나 어떤 나라에서도 개혁의 역사는 항상 전진과 역행의 물결이 부딪치고 교착(交錯)되는 속에서 발전해왔다. 지금 4·19에 들었던 기치의 영광은 설사 땅에 떨어졌다고 해도, 그 기념탑 위에 새겨진 심오한 교훈들은 새 사회의 건설을 위하여 분투하는 사람들의 영원한 길잡이가 될 것이다.

_ "아아! 4·19의 영광은 어디로?,"「사상계」권두언 (1964년 4월호)

인간불신과 인간증오의 파시즘을 나는 거부한다

정치와 경제에 아무리 실패해도 인간적인 미덕만 가지고 있으면 재생의 길이 열리는 법이다. 우리 사회의 대들보라 할 덕목 중 '신뢰감'은 온통 자취를 감추고 '만인 대 만인의 불신'이 우리의 인간성을 나날이 메마르게 하고 있다. 정치는 술수요 실력이라고 하지만 기실 인간성 속에서의 지배임을 망각할 때 그것을 폭력도배의 완력으로 화하고 만다. 압제적인 법제정이면 만사 해결이라는 안이한 사고가 기실 인간 불신 사조에서 오고 이 인간증오의 사상이 바로 파시즘의 연원인 것이다.

_ "'무정한 사회'를 벗어나는 길," 「사상계」 권두언 (1964년 9월호)

국민의 마음을 끌 수 있는 정신적인 권력이 있어야 한다

브리튼 교수는 '이중권력' 또는 '이중주권'이라는 말을 쓰고 있다. 국민의 마음을 끌지 못하는 비능률적인, 부정하고 부패한 현실 권력이 있을 때 이에 대항하는 국민의 마음을 끌 수 있는 정신적인 권력 또는 주권이 있어야 한다는 것이다. 인도에 있어서 지난날 영국 정부라는 지배자에 대하여, 진정한 주권은 도리어 간디와 네루가 영도하는 혁명 세력이 아니었던가. 이것이 드디어 독립을 쟁취하고 나서는 오늘의 인도를 이끌어 나가는 참다운 지도 세력이 된 것이 아닌가.

_ "새해를 맞이하면서," 「사상계」 권두언 (1966년 1월호)

인간의 정신 개조와 내적 질서의 확립은 교육의 기본임무이다

사회개조는 두 가지 방향에서 이루어져야 한다. 하나는 사회의 제도를 옳게 개조하는 일이요, 또 하나는 그 제도를 운영하는 인간의 정신을 바로 개조하는 일이다. 제도 개조와 정신 개조는 상호보완해야만 완전한 사회개조의 실과 효를 거둘 수 있다.

아무리 사회의 제도와 구조를 옳게 개조하여도 그것을 운영하는 인간의 기본적 정신자세가 바로 서 있지 않으면 사회개조의 목적을 달성할 수 없다. 제도 개조의 목적이 사회의 외적 질서의 확립에 있다면, 정신 개조의 목적은 인간의 내적 질서의 확립에 있다고 하겠다.

인간의 정신 개조와 내적 질서의 확립을 담당하는 것이 교육의 기본임무다. 교육의 목적은 인간의 심전(心田) 계발에 있다고 한다. 사람의 마음의 밭을 풍성하게 갈고 가꾸자는 것이다. 또 교육의 목표는 이상적 인간상의 형성에 있다고 한다. 그 사회가 요구하는 이상적인 인간의 성격을 만들자는 것이다.

_ "교육의 개조," 「사상계」 권두언 (1966년 2월호)

국민이 가야 할 새로운 이정표를 세워라

오늘 이 시점, 이 지점에서 확실히 우리 국민이 가야 할 민족의 길은 잘못된 것임을 지적하고, 나라에 대한 의무이행을 위해서 새 이정표 세울 것을 온 국민에게 제의한다. 역사는 늘 그 운명의 갈림길에서 우리를 실험한다. 잘못된 길임을 알고서도 총칼의 위협 때문에 그대로 따라가는 것은 결코 우리만의 불행이 아니요, 우리의 뒤를 이을 세대까지 오도하는 책임이므로 겨레에 대한 범죄이다.

이 범죄에 대응한 형벌은 우리의 자손이 받게 된다. 역사는 우리가 올바른 이정표를 곧은 길에 세우는 일로 이루어진다. 역사의 심판은 나라가 어떤 길을 걸어왔는가를 살피는 것이다.

_ "또다시 8 · 15를 맞으면서," 「사상계」 권두언 (1966년 8월호)

폭력을 이기는 길은 저항 정신으로 뭉친 민중의 힘뿐이다

폭력이 군림할 때 그것을 이길 수 있는 폭력을 가지기는 어렵다. 폭력을 쓰는 소수자에게 이길 수 있는 길은 저항의 정신으로 뭉친 민중의 힘뿐이다. 그러기 위하여서는 그 힘을 뭉칠 초점을 국민이 현명하게 선택하여야 한다. 현실이란 결코 이념적인 것일 수 없다. 그렇기 때문에 우리는 완전주의나 절대주의를 가지고 현실을 택하려고 하지 않는다. 다만 이 시점에 있어서 무엇이 국민의 심판인가, 무엇이 민족사의 전진인가를 판단하여야 할 것이다.

_ "저항의 자세를 적극화하자," 「사상계」 권두언 (1967년 2월호)

국민의 가슴마다에 정의의 신이 분노하고 있다

신은 우리 가슴마다에 있다. 그리고 그 뜨거운 가슴은 정의의 전도체이다. 영원한 민족사에 오욕을 남길 훈장, 부정에 공(功)하고 불의에 기념하는 '5 · 3', '6 · 8'의 훈장을 가슴에 단 집권자들일망정 1967년이 기어이 참회의 해이기를 바라 마지않는다.

국민의 가슴마다에 신(神)이 분(憤)하고 있는 한, 그 훈장에 녹이 슬지는 않을 것이다. 그들이 스스로 부정과 불의의 과오를 시인하지 않는 한, 민심은 결코 그들을 지도층으로 올려보지 않을 것이다.

이것은 신의 의사요, 정의의 힘인 것이다.

_ "정의가 신이다," 「사상계」 권두언 (1967년 7월호)

우리가 사는 이 사회에서 들리지 않는 비명을 지르는 이들을 그대는 아는가

구봉(九峰) 광산의 양창선(楊昌善) 씨가 16일 만에 매몰된 갱에서 살아나온 사건은 길고 지루한 무더위를 지낸 우리에게, 하나의 큰 기쁨이었다.

그것은 우리 사회가 얼마나 인간의 존엄을 아끼는가를 보여준 교훈이기 때문이다. 생명의 고귀함을 온 국민이 절실히 느끼게 한 보람이 깊은 갱 속에서부터 우러난 것이 아닌가.

그러나 우리가 사는 이 사회에는, 낱낱이 보도되지 아니하는, 무너진 갱보다 더 깊고 무서운 질곡의 갱 속에 묻혀, 들리지 않는 비명을 지를 수많은 양 씨가 있음을 새삼스레 지적하고자 한다.

그것은 경제적 질곡의 아득한 갱이다. 어찌 양 씨의 생명만이 고귀한 것일 수 있느냐? 박 정권의 경제정책이라는, 시설 미비의 광갱보다 더 위험하고 혹심한 시책 밑에 깔려서 이루 다 들리지 않는 비명을 지르는 보다 많은 양 씨가 수없이 인권 존엄을 도외시 당하는 이 사회임을 환기시키고자 함이다.

_ "인간의 존엄성," 「사상계」 권두언 (1967년 9월호)

역사의 수레바퀴는 부서진 것으로라도 돌려야 한다

역사의 수레바퀴는 부서진 것이라도 돌려야 한다. 그 한 책임이 한쪽의 수레바퀴처럼 야당에도 있다. 있는 것이 아니라 이미 선거 시에 전 국민으로부터 명백하게 받은 것이다. 그것은 4년간이나 지속되는 헌정에의 빚이다.

_ "야당의 등원에 즈음하여," 「사상계」 권두언 (1967년 11월호)

그러나 1967년은 흘러가지 않고 아직도 남아 있다

둑에 스며드는 작은 틈새를 주먹으로 막아 조국을 구한 네덜란드의 소년은, 이 위기의 1967년 한국엔 없었다. 무너지는 둑을 지켜서 보고 서 있던 그 많은 가슴 가슴마다에도 죄 많은 세모(歲暮)의 감회가 고일 것이다. 그러나 1967년은 가지 않고 남는다. 민족의 수의(囚衣)를 걸치고 우리 가슴 가슴마다에 뼈저린 한을 새기며 영원히 지워지지 않을 것이다.

1967년 한국, 그 가득 찬 죄기(罪記)를 얼굴에 새겨 안고 세월질 비(碑), 새 아침 찬 이슬에 불망비(不忘碑)가 될지어다.

_ "1967년 한국," 「사상계」 권두언 (1967년 12월호)

나는 조국과 결혼했다

나는 산을 내려와 시내로 들어갔습니다. 우리나라의 큰 지도 하나를 사들고 한 사진관으로 찾아갔습니다. 그 지도를 사진관 벽에 걸어 놓고 나는 그 옆에 섰습니다. 나의 결혼사진이라고 생각하면서 사진 한 장을 찍었습니다. 그리고 나는 이렇게 이 나라와 결혼했음을 다짐하였습니다.

"이제 이렇게 나는 조국과 결혼했으니 이 몸과 이 마음은 조국의 것이다. 조국을 위한 것이어야 한다"고 굳게 굳게 맹세하였습니다.
  _ "정결연설문," (1967년 9대 국회의원선거 옥중출마 선거방송 원고)

패배당한 정의는 승리한 악보다 강하다

나는 "패배당한 정의는 승리한 악보다 강하다"라는 위인의 말을 되새겨가며 또다시 새로운 전진을 다짐하였던 것입니다.
  _ "정결연설문," (1967년 9대 국회의원선거 옥중출마 선거방송 원고)

우리는 시대와 역사에 대하여 책임을 진다

우리가, 만일 시대와 역사에 대해서 책임을 느끼지 아니한다면, 정치는 '국민의 것'이 이미 아니고, '정치적인 전담사(專擔事)'에 불과

한 것이 될 것이다. 만약 그렇다면 우리가 민주주의를 옹호하고 발전시키고 수호해야 할 아무런 이유도 발견할 수 없을 것이지만, 그러나 기대와 역사에 대한 책임은 끝까지 임의대로 벗을 수 없는 것이다.

_ "향토예비군 무장의 선행조건," 「신동아」 (1968년 7월호)

피 흘림이 없는 혁명은 생명이 없다

5·16 군사혁명이 왜 참자유와 민권의 그것이 못되었나? 그들이 표방한 혁명 공약은 엄연히 역사 앞에 부끄러운 것이 아니었다고 하는데 왜 그 담당자들이 권좌에서 물러서는 날로 5·16은 겨레의 뇌리에서 사라질 수밖에 없는 운명에 놓이게 되었나? 5·16은 피로 바꾼 혁명이 아니기 때문이다. 5·16은 공의(公儀)를 위한 희생이 없었기 때문이다. 5·16의 공약은 피로 바꾸어 얻은 결론이 아니기 때문이다. 역시 피 흘림이 없는 혁명은 생명이 없다는 산 증거이겠다.

_ "죽음에서 본 4·19," 「기독교사상」 (1972년 4월호)

죽어서 사는 진리를 배우라

"죽어야 산다"는 교훈을 우리는 옛날 성현들한테서 배운다. 예수는 십자가에 죽음으로 2천 년 동안 수많은 인류의 가슴 속에서 살고 있다. 우리가 역사에서 배우는 수많은 순국선열들도 마찬가지다. 이순신 장군, 안중근 의사, 윤봉길 의사는 모두 우리 겨레의 가슴 속에서 살고 있다.

그러나 그분들이 모두 우리가 직접 보지 못한 역사적인 인물들이라면 4·19에 목숨을 버린 그들은 우리와 함께 살던 더구나 어린 학생들의 몸으로서 지금의 우리를 대신해서 이 민족이 당했던 그 무서운 시련을 죽음으로 감당한 사람들이다 그러니 지금 우리 가슴 속에 그들이 살 자리를 비워 주지 않는다면 어찌 같은 피가 흐르는 사람이라 할 수 있겠는가?

_ "죽음에서 본 4·19," 「기독교사상」 (1972년 4월호)

생활권의 충족이 사회의 정의이다

인간은 본질적으로 평등하다. 이는 정치적 혹은 사회적인 의미에서 뿐이 아니고 그 인격적인 본질에 있어서 평등하다는 것이며 그것 때문에 중시되는 것이다.

그러므로 참인간으로서의 가치 있는 생존의 보장을 요구하는 권리, 즉 생활권의 충족, 이것이 곧 사회정의의 실현이 되는 의미이다.

_ "우리의 현실과 사회정의," 「씨올의 소리」 (1972년 5월호)

4편

지식인에 대하여

희망은 어둠 속에서 빛을 보게 한다

우리는 항용 위기를 부르짖고 절망을 생리처럼 번뜩이고 다니는 인사들을 봅니다. 근대와 현대의 전환기에서 이것은 흔히 있을 수 있는 일이라 할지라도, 따지고 보면 망각의 피안으로 사라져가는 근대의 추억에 사는 사람들이 안주하던 '현재'와 '과거'의 베일 속으로 퇴장하는 것을 서글퍼하는 일종의 감상(感傷)이라고 아니 할 수 없습니다. 그러나 밝아오는 내일 아침의 햇살을 맞이하려는 사람은 그믐밤의 어둠이 아무리 캄캄할지라도 가슴에 희망을 품을 수가 있는 줄로 압니다.

_「사상계」권두언 (1955년 10월호)

지성의 눈으로 미래를 보라

우리는 인간의 양식을 믿고 인간사(人間史)의 부동의 원칙을 믿는 까닭에 간난 중에 오히려 힘을 가다듬고 절망에서 희망을 찾아 노을을 타개하는 데 최선을 다함으로써 명일을 이룩하려는 것입니다.

장구한 세월을 두고 인류가 축적하였고 축적하면서 있는 풍부한 지식의 보고를 찾아 겸허한 태도로 그 문을 두드림으로써 지성의 안광을 갈아 내일을 투시하고 오늘 이 시각의 나의 소임을 충실히 완수하는 지식인, 학생, 청년이 많으면 많을수록 광명의 도래(導

菜)는 빠른 것으로 믿고 있습니다.

_「사상계」 권두언 (1955년 10월호)

위기와 절망은 나로부터 시작해야 한다

저들은 위기니 절망이니 하여도 그것은 오직 관념상 내지 이념상의 회롱에 불과합니다. 우리 한국 민족이야말로 자신의 생명과 민족의 명맥과 국가의 운명을 걸고 싸우고 있는 판국이니 위기니 절망이니 하는 것이 어쩔 수 없는 현실일진대, 그 누구보다도 우리 자체로부터 이러한 규호(叫號)가 나와야만 진실된 힘이 있을 것입니다.

_「사상계」 권두언 (1955년 10월호)

나라 사랑의 마음은 가장 고귀한 순수무결의 감정이다

우리가 우리의 조국을 사랑하고 이에 봉사함을 지상의 영광으로 삼는 소이는, 유구 5천 년 우리 조상의 희망과 꿈과 정열과 비애와 피와 땀이 이 강산에 서리어있고 미래 영원히 우리 자손의 운명의 터전이 또한 이 나라이기 때문입니다. 그러므로 나라를 사랑하는 마음은 조상을 아끼는 마음에 통하고 자손을 걱정하는 마음과 직결되는 것입니다. 인간 세상에서 이처럼 고귀하고 이처럼 순수무

결한 감정은 또다시 없을 줄로 압니다.

_「사상계」 권두언 (1955년 11월호)

국가는 어떤 당파의 전유물이 아니다

국가는 일개인이나 어떤 당파의 전유물이 아니라 전 국민의 이해와 화복(禍福)이 응결된 공동체이기에 가장 겸허한 태도로 모든 성원의 의견을 돌아보고 다수 여망을 좇는 것이 진정한 애국자의 취할 바 태도라고 생각합니다. "네 이웃을 사랑하기를 네 몸같이 하라"는 그리스도의 말씀은 이 나라 이 민족을 충심으로 사랑하고 걱정하는 자의 몽매(夢寐)에도 잊지 못할 금언(金言)이 아닐 수 없습니다. 조상과 자손에 연결된 사랑을 방국(邦國)의 현재와 장래를 걱정함에 진실되고 그 법을 준수함에 춘일리빙(春日履氷)의 경건이 있을 때 비로소 우리는 애국심의 극치에 도달할 것입니다.

_「사상계」 권두언 (1955년 11월호)

우리가 곧 역사이다

지성을 저버리고 무질서의 암흑 속에서 암투를 계속하여 패가망국을 저지른 그 근대 말엽의 우리 조상들의 죄악의 여앙(餘殃)으로 해서 우리 자신이 치러온 그 쓰라린 경험을 다시는 후세에 물려주어서는 안 되겠습니다. 우리의 한 걸음 한 가지 처사는 그대로 역사요, 다음 세대에 직접적인 영향을 주는 것입니다. 이때에 우리는 진실로 각오를 새로이 하여 나를 바로잡고 이웃을 깨우쳐 이 나라를 정화하는 사도가 되어야 하겠습니다.

_「사상계」 권두언 (1956년 1월호)

교양과 학문으로 지성의 힘을 키워라

돌이켜 우리의 현실을 볼진대 이 만사의 척도인 지성은 자취를 감추고 정실(情實)과 파당(派黨)과 감정이 대소상하를 막론하고 지배하고 있는 듯한 감이 있습니다. 그러기에 지록위마(指鹿爲馬)의 억지가 횡행하고 무법이 법을 초월하고 사(私)가 공(公)을 말살하고, 무지(無知)가 지(知)를 억누르고, 폭력이 정의를 위협하는 슬픈 현상이 속출하는 것입니다.

이러한 현실을 헤엄쳐 나아가는 개인도 또한 이를 광정(匡正)하려는 기개를 버리고 오히려 이에 영합 편승하고, 영원(永遠)보다 수유(須臾)를 택하고 의(義)를 등지고 이(利)에 추종하는 것이 온 천하의 대세로 되어 버린 듯합니다.

이 같은 파멸적인 무질서를 질서로, 암흑을 광명으로 이끄는 원동력은 우리 각자 개개인의 지성의 힘을 두고는 없는 줄로 압니다.

그러나 옥도 갈고 닦은 연후에야 비로소 옥의 구실을 한다는 말을 들었습니다. 장구한 암흑과 무질서에 파묻혀서 빛을 발하지 못한 우리의 지성을 교양과 학문으로 갈고닦아서 진실로 공명정대하고 고결한 그 진가를 발휘해야 하겠습니다. 이것만이 이 캄캄한 현실을 지양하는 길이요, 앞날을 개척하는 길이기 때문입니다.

_ 「사상계」 권두언 (1956년 1월호)

먼저 나부터 어둠을 쫓는 등불을 켜리라

이 엄숙한 시기에 만약 우리가 지닌 바 책임을 다하지 못하고 그 누(累)를 천세(千歲)에 남긴다면 장차 구원(丘原)에서 조상의 영(靈)을 대할 명목이 없을 것이요 후세에 자자손손 원성이 그칠 날이 없을 것입니다.

무지를 극복하고 부패와 혼란을 물리치는 한 개의 '나'라는 등불이 전국 방방곡곡에 켜지고, 그 불이 가족과 친지와 직장과 향당(鄕黨)에 퍼지는 날, 비로소 이 땅에는 참된 광명이 찾아올 것으로 믿습니다.

일찍이 로망 롤랑은 위인이란 "현재 있는 그대로의 인간들을 사랑할 수 있는 사람"이라 하였습니다. 겨레의 괴로움을 방관하거나 그 어리석음을 탓하는 데 그치지 않고, 그럴수록 깊은 애정으로 이들을 싸주고 그 괴로움을 같이 하는 염결(廉潔), 유능유위(有能有爲)의 등불이 하나라도 더 늘기를 비는 마음 간절한 바가 있습니다.

_ 「사상계」 권두언 (1956년 2월호)

못난 조상이 되지 않기 위하여 어떻게 살아야 하나

연년세세(年年歲歲) 3·1절은 올 것입니다. 그러나 이것을 범연히 맞고 보낼 것이 아니라고 믿습니다. 땅에 떨어진 의로운 조상의 피를 헛되이 하지 않기 위하여, 조국의 독립을 그리면서 이역만리(異域萬里)에 죽어도 눈을 감지 못한 지사들의 고혼(孤魂)을 위로하기 위하여, 우리의 가슴 속에 서린 부패, 타락, 추악, 태만의 모든 요소를 숙청하여 한을 천세에 남기는 못난 조상이 되지 않기 위하여, 여기서 영감(靈感)을 얻고 여기서 힘을 얻어 발분망식하는 출발점으로 삼아야 할 것입니다.

_「사상계」 권두언 (1956년 3월호)

법이 공의를 세우는 최후의 보루이다

법은 어느 개인의 주견(主見)으로 좌우될 것이 아니요, 만천하의 공의(公儀)에 따라 철저히 시행되어야 할 것임은 자명한 이치라 하겠습니다. 여기서 우리는 다시 양식의 마비를 본 것입니다.

_「사상계」 권두언 (1956년 7월호)

나는 정신이 살아있는 지식인인가

우리가 지식인을 소중하게 생각함은 그가 가진 판단의 능(能)과 명(明)을 귀중하다고 봄에 있으며 그 능과 명에 의하여 시비(是非)가 가려지고 정사(正邪)가 나누어지며 사회의 모든 질서가 확립될 가능성이 있다고 보여지는 까닭입니다. 그러므로 지식인에게 있어서 생명처럼 아껴져야 할 것은 바로 정신일 것입니다.

_「사상계」 권두언 (1957년 2월호)

지식인의 임무는 비판 정신에 있다

대중의 선봉으로 섰던 인텔리가 사회적으로 지위를 차지하게 될 제 그 사회의 방관자가 되며 강자와 합세되어 약자를 누르는 일까지 강행함은 동서고금을 통하여 일반인 것 같습니다. 이는 입장을 바꿈에 따라 그가 지닌 비판 정신이 마비되는 까닭입니다. 지식인이 지녀야 할 비판의 능(能)과 명(明)에 따라 항상 바른길을 지향할진대 그는 여(與)에 앉건 야(野)에 서건 그 사회에 봉사하는 길은 마찬가지이겠습니다. 그러나 더욱 미더워짐은 왕성한 비판 정신으로써 집권층에 대결하여 시비정사(是非正邪)를 가려내는 지식인입니다. 지식인의 임무의 일단이 이에도 있는가 합니다.

_「사상계」 권두언 (1957년 2월호)

사리와 양식이 있는 곳에 질서가 있다

심오한 학문의 진리에 선행하는 것은 언제나 사리(事理)요, 이 사리를 올바르게 판단하는 능력을 양식이라고 한다. 일상 사회 만사를 좌우하는 주된 요인은 바로 이 양식이기에 양식이 있는 곳에 사리가 서고, 사리가 서는 곳에는 질서가 있다. 질서가 한 사회나 한 국가의 명맥임은 말할 것도 없는 일이다.

_「사상계」권두언 (1957년 3월호)

묻노니 백성들의 호소를 듣는가?

묻노니 그대들은 언제 고급 차에서 내려 초막에 신음하는 백성들과 그 괴로움을 같이한 일이 있던가? 어느 때 어느 장소에서 그대 자신이 배고픈 쓰라림인데 이생을 원망한 일 있던가? 언제 한 번 그대의 어린 자녀들이 결식(缺食)을 호소함에 이를 충족시켜 주지 못하는 어버이와 쓰라림을 당한 일이 있던가? 그와는 정반대로 대하고루(大廈高樓)에 난의포식(暖衣飽食)하면서 '내 세상'을 구가하고 뭇 백성의 희생 위에 자가의 영화, 자가의 치부를 밤낮으로 획책하는 일은 없었던가? "6·25 당시보다 낫다"는 것도 양식 있는 이의 발언인가? 살육과 유랑으로 해서 무로 돌아가는 것이 전시의 일반적인 생태이거든 이것은 생활 이하의 조건이다. 어째서 무덤 속의 생활보다 낫다고 못 했는가?

민족 문화 건설의 터전을 마련하라

우리 사회에 모순이 많은 중에서도 이 문화와 문화인을 얕보는 풍습은 가장 큰 것의 하나다. 어떤 권력의 금력을 가진 자의 자식 결혼 비용이 기억환(幾億圜)이요, 권력 있는 자의 외국출장 전별금(餞別金)이 또한 수억환(數億圜)에 이르렀다는 소문은 들었어도 세계에 유래를 보기 드문『승정원일기』복간이나 경주를 비롯한 각처의 문화재 보수에 한 푼 전(錢)을 내겠다는 인사 있음을 듣지 못하였다. 기백 기천 년을 두고 수많은 조상이 심혈을 기울여 이룩해 놓은 고귀한 문화유산도 오늘날 탁류에 헤엄치는 뱃속 검은 정상(政商)이나 모리배들의 자동차만도 대접을 받지 못하고, 흐린 세상일지라도 오직 참된 것, 아름다운 것을 찾아 무엇인가 이루어보려는 이들은 빈궁에 떨면서 가두를 방황하게 되었다. 교수들을 가리켜 보따리장수라 하고 다방에 모이는 문화인 예술가들은 무조건 비방하는 악마들의 냉소 백안(白眼)을 우리는 참을 수 없다. 이들을 이 지경으로 몰아넣은 자 누구며 그 수치는 누가 감당해야 할 것인가?

무엇보다도 우리는 오늘날 우리의 문화재를 보호 선양하여 전 세계와 후세에 전하고 문화인을 궁지에서 모면케 하여 그 참된 노력을 계속하게 함으로써 진정한 민족문화건설의 터전을 마련해야 할 처지에 있다. 그러나 이것은 결코 말만으로 될 일이 아니다. 그

방면 기숙(寄宿)들의 지력(知力)과 뜻있는 인사들의 경제력이 합치
는 날 비로소 성취될 것이다.

_「사상계」 권두언 (1957년 8월호)

그대는 부끄러움을 아는가?

일찍이 소크라테스는 그 변명에서 자기를 등에에 비하였다. 기
회 있을 때마다 잠든 아테네의 민주정치를 불러일으켜 시들어가는
생명에 회생의 충격을 주어보자는 것이었다. 불행히도 청이불문(聽
而不聞)하고 시이불견(視而不見)하는 무감각의 병폐가 고황(膏肓)에
사무친 아테네는 이 철인(哲人)의 경고에 귀를 기울이지 아니하였
을뿐더러 한 걸음 나아가 그를 처형하고도 구태의연히 부패의 구렁
에서 잠을 깰 줄 모르더니 마침내 마케도니아의 짓밟는 바 되어 후
회막급의 멸망을 저지르고야 말았다.

우리는 초야의 일개 포의(布衣)에 지나지 않을망정 조국의 발전
과 번영을 위하여 주야로 분투하는 뜻있는 겨레들의 대열에 참가하
기를 염원하는 동시에 의를 의무로 알고 영광으로 아는 자다. 자가
(自家)의 미급(未及)을 돌보지 않고 감히 이 땅의 모든 지성을 결집함
과 아울러 고금과 동서의 지적 유산을 얽어서 우리의 등에를 마련
하는데 견마지역(犬馬之役)을 다하여 보려는 것이 사상계 창간의 본
뜻이었다. 햇수로 거듭하기 어언 5년, 호를 바꾸어서 50에 이른 오
늘날 지난날에 걸어온 발자취를 더듬어보면 오직 광간(狂簡)의 부

끄러움이 앞설 뿐이다.

_「사상계」 권두언 (1957년 9월호)

인간의 양심은 명령한다

진리는 어디나 마찬가지다. 노고는 남에게 맡기고 자기는 도피하라는 진리도 있을 수 없고, 동포를 사지(死地)에 몰아넣고 갖은 핑계와 구실로 안전지대에 앉아서 냉소와 비평을 일삼으라는 진리도 없을 줄 안다.

인간의 양심은 모름지기 동포와 더불어 고난과 생사를 같이할 것을 명하리라. 더구나 동포의 희생으로 얻은 진리라면 그 선두에 설 것을 요구하리라. 극소수의 양심적인 유학생을 제외하고 유학이라는 탈을 쓴 민족반역자들을 우리는 우리 민족 중의 가장 더러운 추물의 하나로 간주하지 않을 수 없다.

_「사상계」 권두언 (1957년 10월호)

사람을 용서하고 아끼는 마음이 네게 있는가

한때 선생의 지조에 대한 세간의 오해도 없지 않았다. 그러나 선생의 본의가 어디까지나 이 민족의 운명과 이 나라 문화의 소장(消長)에 있었음은 오늘날 이미 사실로서 밝혀진 바요, 항간에 떠도는 요동부녀(妖僮浮女)들의 역설과는 전연 그 궤를 달리하는 것이다. 사람을 사(赦)하는 법이 없고 인재(人材)를 자기 눈동자같이 아낄 줄 모르고 사물(事物)을 널리 생각하지 못하는 옳지 못한 풍조 때문에 우리는 해방된 후에도 선생에게 영광을 돌린 일이 없고 그 노고를 치하한 일도 없었을 뿐 아니라 도리어 욕된 일이 적지 아니하였다. 이것은 실로 온 민족의 이름으로 부끄러워해야 할 것이다.

_「사상계」 권두언 (1957년 12월호)

자신과 희망을 갖게 하라

자신은 성취의 보장이 되며 희망은 추진의 저력이 된다. 자신을 갖기에 용(勇)으로써 일에 임하게 되며 희망이 보이기에 성(誠)을 기울여 노(勞)를 택하게 되는 것이다. 그러므로 자신을 잃은 자 자포(自暴)의 길을 택하게 되며 희망을 버린 자 자기(自棄)를 면치 못하게 되는 것이다. 자신과 희망은 사물에 대한 무사(無私)한 비판과 개개인이 지닌 역량의 공정한 평가와 노력에 합당한 물질적·정신적 대가가 보장되는 사회에서만 갖게 되는 것이다.

_「사상계」 권두언 (1958년 5월호)

지식인들이여, 현실 참여의 전통을 세워라

지식인은 만년야인(萬年野人)이어야 한다는 말은 원래 자유당 붕

괴기에 생긴 말이나 지금도 결코 진부한 말이 아니다. 야인이라고
해서 '백이숙제'(伯夷叔齊)처럼 전혀 정부에 협력치 않는 현실도피를
말하는 것이 아니라 정치 참여 속에서도 국민의 입장, 대중의 입장
을 견지하는 건전한 비판 정신이 마비됨이 없는 '마음의 야인'을 뜻
하는 것이다. 그런 의미에서 에이브러햄 링컨이나 간디 옹 등은 모
두 여(輿)를 위해 일하는 '마음의 야인'들이었다. 그러므로 현실참여
의 올바른 자세를 지닌 지식인의 전통을 세워야 할 때가 온 것이다.

_ 「사상계」 권두언 (1962년 11월호)

고요한 제3의 혁명은 시작되었다

혼란과 파국의 균이 가장 침입하기 쉬운 과도기를 넘어서는 혁
명이 가장 심각하게 요청될 때가 있다. "한국 땅에 민주주의 뿌리를
내리게 하기" 위한 민주적 공명선거를 전제로 한 제반 법제의 개정
은 최고회의가 반드시 해야 할 일이요, 각 정차에서 정책대결과 정
치인의 세대교체를 통해 거듭나는 자기 변혁이 요청된다. 이 모든
것은 경제적인 안정이 전제되어야 함을 망각해서는 안 된다. 따라
서 민정에의 안전한 출항을 위한 자유우방 성원을 호소해 두는 바
이다.

언론인을 비롯한 학생·지식인은 정파에서 초연한 '국민의 입장'
에 서서 민정이양을 감시해야 한다. '고요한 제3의 혁명'은 시작되
었다. 4·19에서 비롯한 반독재 민주혁명은 다시 계속되었다. 우리

는 항상 새 세대에 모든 기대와 희망을 건다.

_「사상계」 권두언 (1963년 3월호)

위대한 문학은 철학과 모럴을 지니고 있다

문학이 반드시 좁은 의미의 이데올로기나 모럴을 지녀야 할 필요도 없고 차라리 반대로 그것을 정면에다 표현할 때 문학은 오히려 해를 입은 결과를 낳는 일이 허다하지만 그럼에도 불구하고 위대한 문학은 언제나 자체의 철학과 모럴을 지니고 있는 법이다. 그것 없이 작품을 쓴다면 필경 소일거리로서의 문학 이외의 무엇을 우리는 기대할 수 있겠는가.

_「사상계」 권두언 (1963년 12월 문예 특별 증간호)

우리는 패배할 수 없다

우리는 패배할 수 없다. 저기서 저렇게 자리(自利)를 위하여 진리를 억압하는 인간군상은 역사에 남을 수 없는 낡은 껍데기다. 새로운 정신이 오늘 결단하는 마당에 선다면, 지금 이 땅의 탁류에서 자기를 구출하려고 엘리트가 결의한다면, 그것이 바로 역사를 지배할 새로운 전진의 시작이다.

우리는 지금까지 우리 위에 참으로 저열한 정치를 가지고 살아

왔다. 그러나 그러한 역경에도 불구하고 세계로 향하여 허다한 문화진출을 보여준 사실을 바라본다. 그리고 이 민족이 그 재질에 있어서 우수함을 자부한다. 이제 새로운 결의로 자기를 견책한다는 것은 손쉬운 일이 아닌 것을 우리는 잘 알고 있다. 그러나 지금 나에게 도사리고 있는 패배 의식, 그 자포자기, 그 비윤리를 내몰지 않고는 나 자신의 존립조차 불가능한 일이다. 또한 이러한 결단이 진정한 의미에서는 참다운 이 민족 대중의 염원이기 때문에 결코 고독하지 않으리라고 생각한다.

_「사상계」 권두언 (1964년 11월호)

우리의 역사는 우리가 결정한다

날은 더욱 어두워 간다. 이를 뚫고 나아가려는 국민 의지는 더욱 갈피를 잡지 못하고 있는 것 같이 보인다. 그러나 전략과 기만을 일삼는 집권층의 한계점을 우리는 알고 있다. 그리고 각성되어가는 국민 의식이 바른 운명을 추구하기 위하여 집결하려는 양식과 열의를 가지고 있음을 느끼고 있다. 우리의 역사를 우리 스스로가 결정하려는 결의는 우리에게서 결코 사라지지 않았다고 본다.

그렇지만 지성의 힘은 아직 무력한 것으로 보일는지 모른다. 이제 거센 힘에 부딪혀 지성은 좌절된 것이라고 생각될는지 모른다. 참말로 이 암흑 속에 비쳐야 하는 등불이 얼마나 가냘픈 것인가를 누구나 알고 있다.

그러나 밤이 깊을수록 여명이 멀지 않음을 알아야 한다. 격동하는 세계는 파국으로 향하는 역사인 것 같으나 사실은 새로운 세계를 창조하려는 진통이기도 하다.

_「사상계」 권두언 (1965년 4월호)

국민은 지성인에게 명백한 연명을 요구한다

지성인이 침묵한다는 것은 국민 대중을 위한 역사를 지켜보면서 추진하려는 세력이 없어졌다는 것을 의미한다. 그 사회는 개혁과 발전에 대한 의지를 상실한 것이다. 지성의 양심이 그 사회를 밝히는 것이 아니라 다만 폭군만이 지배하고 있음을 말하여 준다. 이때 대중이란 폭군 밑에서 다만 생존을 유지하기 위한 가냘픈 방도만을 찾는다. 그리하여 포악한 집권자는 이제 지배를 완전히 확립하였다는 과신에서 지극히 오만하게 군림한다.

그러나 이러한 현실이면 현실일수록 국민은 지성인들에게 명백한 언명을 요구한다. 목에 칼이 들어와도 가부를 확실히 하여달라고 대든다. 지성인이란 원해 단순한 생활만이 아니라 명확한 판단에 따라 결단하는 본래적인 사명을 지고 있는 것이 아닌가 하는 것이다. 적어도 그러한 자각에서 그 우념의 길을 택한 것이 아닌가 하는 것이다.

_「사상계」 권두언 (1965년 7월호)

우리는 그래도 새로운 희망을 가꾸고 싶다

우리는 흘러가는 1965년을 어두운 눈으로 바라보면서 역시 새해 새날에 걸 수 있는 아무런 기대를 가지고 있지 못한 것을 자각한다. 그러나 이 땅이 버릴 수 없는 조국이고 나와 내 자손이 피할 수 없는 생명이라면 묵은해를 체념으로 보내면서 새날의 결의를 가다듬어야 한다. 이 땅에서 번영을 누리고 살고 싶은 염원을 끊을 수 없는 것이기 때문에 우리는 그래도 기대를 걸고 싶고 새로운 희망을 가꾸고 싶다. 비록 오늘이 견딜 수 없는 어두운 밤이라고 하여도 공동의 적 앞에서 모두가 절망하였을 때 인간은 가장 무섭게 단결한다. 여기에 역사의 전환이 있다. 이 운명의 길을 개척하고 지표를 내세울 새로운 비전이 집결될 수 있다면 활로가 열린다. 정권은 망해도 민족은 망하지 않는다.

_「사상계」 권두언 (1965년 12월호)

우리는 냉철한 비평정신으로 건설적인 대안을 제시한다

「사상계」는 과거나 현재를 막론하고 어떤 특수한 개인이나 집단의 기관지로 전락한 일이 없으며 또한 장차도 그러할 것이다. 그렇기 때문에 본지는 어떤 개인이나 당파를 맹목적으로 변호하거나 또는 무조건 비판하는 태도를 극력 배격해 왔으며, 그러한 입장은 미래에 있어서도 변함이 없을 것이다. 본지는 항상 냉철한 비평정신을 견지하되, 그것이 건설적인 것이 되도록 진력하고 있으며 파당적 의견이 아니라 보편적 진리를, 무책임한 선동이 아니라 과학적 정확성을, 저속한 편정이 아니라 고결한 미를 구하기에 우리들의 모든 지혜를 기울이고자 한다.

_「사상계」 (1966년 10월호)

자유와 민주는 참여인의 권능이다

자유가 무엇이며 민주가 무엇인가? 자유와 민주는 참여인의 권능이다. 자유의사로부터 나오는 자유에 대한 제약과 의무 이행은 언제나 감수되는 것이 인간 행동의 워리이다. 이것은 인류사에서 정치제도가 발전할 때 제일 먼저 발생한 사상이다.

_「사상계」 (1968년 8월호)

우리에게 진정 민족의 이상이 있는가

그 확신은, 우리가 "언제나 내 나라, 내 사회, 내 마을, 내 가족을 위해서 나는 죽음을 놓고 싸울 수 있다"는 확신을 말한다.

"내 죽어도 가치 있다"라는 말이 "억울하게 나만 죽는다"라는 말과 바뀌어야 할 때 비로소 가능하다. 그러나 이 확신은 지극히 어려운 일이다. 한마디로 민족이상(民族理想)의 발견에서 오는 것이니까 말이다. 민족이상 앞에 내가 즐거이 희생될 수 있다는 신념―그것은 가치를 부여하는 이상의― 수립에서 나온다. 그리고 그 이념이 민중의 가슴마다에서 구현화될 때, 이 모든 것은 가능하다.

우리에게 민족의 이상이 있는가? 물론 있다.

_「사상계」(1968년 8월호)

왜 그들을 가르친 교수나 교사는 단 한 명도 죽은 자가 없는가

나는 일전에 수유리의 4·19 묘지에 갔다가 새삼스레 느낀 일이 있었다. 그것은 그 195위의 묘 중 어찌 단 하나의 어른의 묘도 없이 한결같이 모두 젊은 학생들의 묘뿐인가 하는 것이다. 즉 학생들은 그렇게 많이 죽었는데도 그 학생을 직접 가르치는 교수나 교사는 왜 단 한 명도 죽은 자가 없었는가? 부정과 불의에 항거하여 젊고 어린 학생들은 그렇게 많이 희생을 당하였는데도 소위 나라를 사랑한다는 정치인들이나 지도자를 자처하는 사람들은 왜 단 한 명의 희생자도 없었는가 하는 것이었다.

_「기독교사상」(1972년 4월호)

하늘이 백성을 시켜 하는 혁명이 참 혁명이다

혁명은 하늘이 하는 것이며 백성을 시켜서 하는 일이다. 4·19 혁명은 백성이 한 혁명이 아니고 학생들이 한 혁명이었다. 그래서 그 혁명은 완전한 혁명이 되지를 못한 것이다.

_「기독교사상」(1972년 4월호)

우리의 혁명은 아직도 갈 길이 멀다

4월 혁명은 자유와 민권의 선각자인 이 땅의 지식인들의 손에 의한 혁명이다. 그러나 우리의 혁명은 아직도 그 전도가 요원하다. 마음의 혁명 없이 제도만을 바꾼들, 사상적 기초 없이 독재자만을 제거한들, 부정에 계속 항거하는 단결된 국민의 역량이 없다면 또 다른 형태나 독재나 또 다른 모양의 부패를 어떠한 방법으로 막겠는가? 지금 이 나라의 사태를 관찰하건대 전에는 너희가 해먹었으니 오늘은 우리가 좀 해먹을 차례라는 식으로 되어가는 것 같아 가슴 아프다.

_「기독교사상」 (1972년 4월호)

나는 나의 모든 삶을 민족과 함께 한다

민족주의자가 가야 할 길은 무엇인가? 한 인간이 민족적 양심에 따라 자기의 생애를 살아가는 길은 무엇인가?

그것은 자기의 개인적인 인간적인 삶, 고달픔과 보람을 민족의 그것과 함께하는 것이리라.

민족적인 삶이 헐벗고 굶주리고 억압받고 있을 때 민족적인 양심에 살려는 사람의 눈물과 노력은 모두 이런 민족적인 간난을 극복하려는 데 바쳐진다.

_「씨올의 소리」 (1972년 9월호)

5편

민족 독립에 대하여

행동하는 학문이 되라

학문은 사색이면서 행동일 게다. 사색만 하고 행동 없는 학문은 산 학문이라 할 수 없다. 자고로 위대한 사상가와 종교가들은 사색가인 동시에 또한 행동가이었기 때문이다.

그리스의 철인 소크라테스는 장거리에 나와서 행인들과 진리를 토론하는 것을 꺼리지 않았다.

인도의 석가모니는 영광스럽고 화려한 궁궐을 떠나 바깥세상의 괴로움을 자취(自取)하였다.

우리의 '한글'도 이런 걸음을 걸어왔다. '한글'은 언어학자이면서 혁명가이었다. 사색가이면서도 행동가이었다. 유순한 학자이면서 굳센 독립투사로서 나라의 생명을 위하여 잘 싸워왔다.

_ 「사상계」 권두언 (1954년 9월호)

이상이 있기에 현실을 사는 것이다

이 '이상'이 높을수록 이를 실현하기까지는 힘이 들며, 이를 실현하려는 인간에게는 더욱 강렬한 의지와 노력이 요구될 것입니다. 이상이 있기에 우리는 현실을 살아 나아갈 수 있겠습니다. 이상을 바라다보는 의지력이 있기에 우리는 현실을 힘차게 이끌어 나갈 수 있는 것입니다.

우리는 봅니다. 정치적으로 경제적으로 문화적으로 나날이 향상의 길을 달리고 있는 나라들과 민족들을. 그들은 뚜렷한 이상을 받들고 그 이상을 향하여 굳건한 의지를 가지고 모두들 자기의 한 몸을 아끼지 않고 부지런히 노력하고 있습니다. 그들이 이 세계에서 지도적인 힘이 되어 있는 것도 그러한 이상과 노력의 덕인가 합니다. 우리는 또한 '이상'을 갖지 못한 나라와 민족이 정체와 굴욕 속에 낭고하고 있는 것을 보았습니다.

'이상'은 행동을 전제(前提)합니다. 겨레의 이상은 곧 겨레의 행동의 규범이 되어야 하겠습니다. 모든 행동은 그 규범에 따라 종국적인 표현을 얻는 것이기 때문입니다.

_「사상계」 권두언 (1955년 1월호)

세계 평화가 인류의 과제이다

'이상'을 받들 줄 알고 '이상'을 실현하려고 애쓰는 민족은 결코 망하지 않습니다. 현실을 똑바로 내다보고 항상 이것을 쳐다보고 그 현실을 한 가지 한 가지 정리하고 한 걸음씩이나마 꾸준히 이상을 이끌어 나아가는 나라, 그러한 민족이라야만 인류의 역사를 빚어 나가는 대열에 자격이 있는 줄로 압니다. 오늘날 인류의 역사를 빚어 나가는 대열에 참가할 자격이 있는 줄로 압니다. 오늘날 인류의 과제는 항구한 세계평화인가 합니다. 그리고 이 과제는 확실한 지상명령인 것입니다. 우리는 우리의 힘만으로 평화를 유지할 수 없다는 사실을 이번 전란을 통하여 뼈아프게 깨달은 민족입니다.

그럴수록 이 인류의 과제는 우리에게 대해서 더 큰 비중을 갖는 것입니다.

_「사상계」 권두언 (1955년 1월호)

우리만의 아름다운 민족 문화를 만들라

문학은 그 시대의 문화를 근간으로 삼고 거기에 핀 꽃이며 잎새라는 말을 들었습니다. 꽃이나 잎새는 그 나무나 풀의 생명을 위하여 있는 것입니다. 배꽃은 배나무를 위하여 있고 살구꽃은 살구나무를 위하여 있는 것입니다. 그러나 배꽃도 있고 살구꽃도 있고 또 다른 나무와 풀이 있어 저마다 그 참된 아름다움을 나타낼 때 자연은 더욱 아름다워지는 것입니다. 이와 한가지로 우리 민족의 아름다움은 우리 민족이 특이한 아름다움을 가졌기 때문에 생기는 것이지, 모방이나 추종을 잘하여서 생기는 것은 아닐 것입니다. 그리고 독특한 우리의 아름다운 문화를 이 세계에 내놓을 때 인류 세계는 그만큼 더 아름다워질 것이며 우리의 존재가치도 인정될 것입니다. 그러므로 우리에게 문학이 필요한 것은 우리 민족이 더욱 발전하고 향상하여 그 아름다운 향기를 만방에 떨치기 위함이라 하겠습니다.

_「사상계」 권두언 (1955년 2월호)

민족의 유산을 문학화하라

우리에게 있어야 할 문학은 우리 민족의 유산을 근간으로 한 작품일 것입니다. 여기에는 민족 문화를 탐구하는 정열과 이를 이해하고 분석할 수 있는 총명이 필요합니다. 그리고 시대적 인류적 호흡과 그 성찰이 아울러 필요합니다. 우리는 우리이면서 또한 인류의 일원이며 인류사를 엮어 나아가야 하는 사람인 까닭입니다. 우리는 들었습니다. 밤낮을 가리지 않고 긴 머리채를 늘이고 시꺼먼 손톱을 부끄러워할 줄 모르는 청춘남녀가 어두컴컴한 지하실 구석에서 통음난무(痛飮亂舞)하고 비분강개하며 외치는 전후 불란서 문단 일부의 행진곡을 우리는 보았습니다.

_「사상계」 권두언 (1955년 2월호)

국민을 위한 정책을 생각한다

3·1운동은 우리 민족의 해방운동이었습니다. 일제치하에서는 해방되었고 독립국가라는, 형체는 이룩하였어도 그 덕을 보지 못하는 일반 국민의 모습이 떠오릅니다. 우리는 해마다 맞이하는 3·1절을 계기로 모순된 제도와 그릇된 정책에서 가난해지고 눌리고 마땅히 누려야 할 권리를 상실하여버린 대다수의 국민들이 보다 잘살게 되고 자유로워질 수 있는 기념할 만한 시책이 하나씩이라도 일어나게 되어야 할 것이며 이것만이 독립선언서를 다시 읽는 의의를

나타낼 것입니다.

_「사상계」 권두언 (1955년 3월호)

서양의 모방문화를 벗어나라

우리는 서양의 현대 문물에 의거하여 모방 문화로 모방 사회를 이루어 보았습니다. 고층 건물도 지었고 고급 승용차도 이용하고 민주 방식의 법률도 제정하였으며 서양식 사교도 하여 보았으며 세계열강이 가진 현대식 무장도 갖추어 보았습니다. 그러나 고층 건물에 필요한 부시설(副施設)은 거의 돌보아지지 않으며 고급 차가 달릴 수 있는 가도의 준비는 거의 없고 민주 법률을 운용하는 고급 공무원들은 봉건 귀족화되어 가며 준법의 의무를 가진 자는 서민층에 불과하고 국민 각자의 마음은 자기 이익에만 기울여지고 있는 현상을 봅니다. 이것을 가지고 현대국가로 자처한다면 이에서 더 큰 잘못은 없을 것입니다.

_「사상계」 권두언 (1955년 4월호)

민족문화를 과학적으로 분석하고 체계화하라

현대화라는 것은 과학화를 의미하는 것입니다. 따라서 서로 모순됨이 없는 합리 합당한 법칙을 발견하고 그 법칙을 어긋남이 없이 지키고, 그 법칙에 모순이 생길 때에는 또한 가장 합리적이고 명확한 방법으로 연구하고 정리하여 나아갈 수 있는 정책이 수립되어야 할 것이며, 확연한 기초가 서야 할 것이며, 우리 민족이 지닌 역사와 문화는 우리 민족 발전의 기초가 되는 것입니다. 그러므로 우리 민족의 역사와 우리 민족의 문화가 과학적으로 분석되고 정리되고 체계화되어 이것이 우리 민족의 현대화의 거점이 되어야 합니다.

_「사상계」 권두언 (1955년 4월호)

위대한 민족사의 과거를 돌아보라

혹자는 우리 민족성의 결함을 지탄하고 그 무망(無望)함을 역설합니다. 그러나 이처럼 그릇된 자굴(自屈)은 있을 수 없습니다.

일찍이 그 전능과 전력을 발휘하매 민족의 정(精)과 혼(魂)은 뭉쳐서 고구려의 강성을 이루었고 지(智)와 예(叡)는 엉켜서 신라의 찬란한 문화로 피어 아세아의 빛나는 횃불의 하나가 되었던 것입니다.

우리의 핏줄에 이 정혼(精魂)이 맥맥히 흐르고 머리에는 천 년 전의 이 지예가 번뜩일진대 오히려 무한량의 희망은 있을지언정 절망은 깃들일 여지조차 없다고 하겠습니다.

_「사상계」 권두언 (1955년 12월호)

3·1운동은 조상들에 대한 자손들의 항의이다

1919년 3월 1일, 우리 조상들은 이족의 피 묻은 발굽에 짓밟힌 민족의 자유를 찾기 위하여 남녀와 노소를 불문하고 한결같이 일어섰습니다.

그것은 잔인무도한 외구(外寇)의 사슬에서 벗어나려는 자유인민의 불을 토하는 항쟁인 동시에, 사리사욕에 침륜(沈淪)하여 당쟁을 일삼고 세계 문화의 진운(進運)에 눈을 가린 채 암흑 속에서 주시행육(走屍行肉) 퇴락(頹落)의 일로를 달음질치다가, 마침내 사직(社稷)을 들어 외족의 압제에 내맡긴 어리석은 조상에 대해서 천추의 한을 품은 자손들의 절절한 항의이기도 하였습니다.

_「사상계」 권두언 (1956년 3월호)

3·1운동은 다시는 종의 멍에를 메지 말라는 계시이다

이제 우리는 1956년 3·1절을 경축하려 합니다. 그러나 이 경축이 단순한 시위 행렬이나 식전에 그쳐서는 안 될 것으로 믿습니다. 자유를 찾던 당년(當年)의 절절한 부르짖음은 공산주의를 지상에서 확청(廓淸)하여 당면한 화근을 없이하고 인류상애(人類相愛)의 공고한 터전을 마련하려는 전 세계 자유인민의 대의에 연결되어야 하고, 방국(邦國)을 들어 외적(外賊)에게 넘기고 자손으로 하여금 그 사슬에 몸부림치게 한 무위무능 부패타락의 조상에 대한 항의는 오늘날 우리의 현실을 깨우쳐 조선왕조 말엽 못난 위정자들의 전철을 밟지 않도록 하려는 경세(警世)의 계시(啓示)로 알아야 하겠습니다.

_「사상계」 권두언 (1956년 3월호)

한국 민족은 결코 야만족이 아니다

'몽'(蒙)이란 '무지몽매'(無知蒙昧)하다는 뜻입니다. 백성은 무지몽매(無知蒙昧)하니 내가 그 몽(蒙)을 계발(啓發)하여 준다는 오만불손한 태도를 본 것입니다. 수천 년의 역사와 문화적 배경을 가진 우리 겨레는 결코 사리를 분간 못 하는 야만종은 아닙니다. 그러기에 우리는 여기서 최대의 분노를 느끼고 모욕을 참을 수가 없었던 것입니다.

_「사상계」 권두언 (1956년 6월호)

부정부패가 나라를 망친다

회천(回天)의 결의와 실천이 요망되기를 오늘보다 더한 때는 일찍이 없었습니다. 진(秦)을 망친 자는 진이었고 로마(Rome)를 망친 자 또한 로마였다는 사실(史實)을 명감하고 우리가 40년간 이족(異族)의 쇠사슬에 얽매인 소이연(所以然) 역시 우리 자체의 부패타락에 있었음을 가슴에 아로새긴다면 오늘의 현실을 보고 숙연치 않을 자 없을 것입니다.

_「사상계」 권두언 (1957년 3월호)

누군가 이상의 별을 향해 나아가는 사람이 희망이다

우리는 초망(草莽)의 이름 없는 한 개 백성에 지나지 않을망정 방국(邦國)의 운명과 겨레의 명수(命數)를 생각할 때 비록 정위(精衛)의 어리석음을 범할지라도 오히려 희망을 안고 지성을 다하여 이상의 별을 목표로 용진하려는 자입니다. 옳은 일에 왕도가 있을 수 없고 착한 일에 고난이 따름은 자고로 우리 조상들이 뼈저리게 느꼈고 우리가 현재 이 마당에서 끊임없이 치르고 있는 인간의 비애인 줄로 알고 있습니다. 그러나 동시에 넓은 길을 사양하고 좁은 문으로 들어가 정의의 횃불을 쳐들어 인간을 구원(久遠)의 타락에서 구한 선철(先哲)과 궤란(潰亂)을 기도(既倒)에서 구하여 조국 광복을 이룩하려고 목숨을 초개같이 버린 혁명 선열을 생각할 때 우리의 앞날에는 오히려 찬란한 희망이 있다고 하겠습니다.

_「사상계」 권두언 (1957년 4월호)

문화 일꾼들에게 창조의 길을 열어줘라

때가 늦기 전에 우리는 여기 우리 자신의 문화를 건설해야겠다. 그러기 위해서는 조상의 유산을 옳게 인식하고 선진문화를 널리 섭취하여 꾸준한 노력을 기울이는 동시에 가두에서 헤매는 문화의 일꾼들을 적극 보호하여 창조의 길을 열어 주고 그 종합적 결실을 널리 세계에 빛내야겠다. 이것이 다난(多難)한 국제사회에서 우리가 길이 사는 유일한 일이라고 확신한다. 당국자는 여기 불퇴전(不退轉)의 결의와 견결(堅決)한 실천이 있기를 바란다. 후진국에서의 급진적인 발전은 정부의 올바른 시책에 기대할 수밖에 없기 때문이다.

_「사상계」 권두언 (1958년 4월호)

우리는 완전한 해방을 얻었는가

8·15는 우리 겨레가 천추의 한을 풀던 날이다. 이날은 우리 겨레에게 생존권이 다시 부여된 날이다. 우리는 이날을 맞이할 때마다 잊어서는 안 될 몇 가지 뚜렷한 일들이 있음을 기억해야 한다. 그 첫째는 민족의 해방을 위하여 생명을 바쳐 일제와 싸운 순국선열들의 유족들을 돌보는 일과 혁명 선배들과 그 가족들을 보살피는 일은 어떻게 되고 있는가 하는 점이요, 그 둘째는 해방의 기쁨을 전 국민이 다 같이 누리고 있는가 하는 점이요, 그 셋째는 현 상태를 가지고 우리는 완전한 해방을 얻었다고 할 수 있겠는가 하는 점이다.

_「사상계」 권두언 (1958년 8월호)

애국은 감정이 아니고 이념이고 행동이다

우리가 애국을 하는 것은 우리가 잘살고 우리와 직결되는 우리 후손들이 잘살 수 있는 터전을 만들자는 데 있다. 그러므로 애국은 감정이 아니고 '이념'이어야 하며 그 이념에 기초를 둔 설계이며 행동이어야 한다.

민족정기를 바로 세우고, 사회 기준을 바로 잡아라

무엇이 이 현실에서 우리로 가장 애국하게 하는 길이겠는가, 두 말할 것도 없이 민족정기를 세우고 흐트러진 사회 기준을 바로 잡 는 데 거족적인 노력을 기울이는 일이다. 여기에서 먼저 요청되는 것은 개척 정신이요, 과학적 방법이다. 먼저 나서고 과학적으로 움 직여야 한다. 연후라야 우리가 바라는 이념의 태동을 볼 수 있고 나 라 살림의 올바른 설계도 기대할 수 있으며 참다운 재건과 부흥도 이루어질 것이다.

우리 또한 못난 조상이 되지 않기 위하여 혼신의 노력을 기울일 것을 만천하 동지들 앞에 호소하는 바이다.

_ 「사상계」 권두언 (1959년 3월호)

월남파병의 인권을 최대한 보장 받을 때까지 출병을 보류하라

이제 운명의 골패 쪽은 이미 던져졌다. 그러나 이 중대한 결정에 책임을 질 정부와 국회는 그것으로써 모든 일은 끝난 것으로 간주 하고 안일을 탐할 수가 있을까? 물론 그렇지는 못하다. 위정 당국은 이 바쁜 순간에 이들 장병의 장도를 격려하고 사기를 올리는 형식상의 행사에만 급급할 것이 아니라 늦었지만 이 사랑하는 형제들의 사명과 안전을 최대한으로 보장할 수 있고 현지에서의 그들의 법적 지위, 지휘계통, 충분한 보급, 특히 유사시의 보상을 확보할 수 있는 치밀한 대책을 수립하여야 한다.

그리고 이에 대하여 관계 당사국들과 명확한 협정에 의한 확고한 보장을 받을 때까지 출병을 보류해야 한다. 그리고 우리들로서는 국가 운명을 건 이 파병에서 정부는 국가이익을 훼손하지 않고 그것을 구체적으로 추구하고 그 성과를 국민들 앞에 보여줄 의무가 있는 것이다.

_「사상계」권두언 (1965년 3월호)

사회적 부패와 부정이 창궐하는 한 안정은 없다

제2차 대전 이후 일단 정치적, 형식적 독립을 쟁취한 후진국의 민족주의는 다시 경제적 자립과 사회개혁을 내용으로 하는 '근대화＝현대화'의 방향을 달리고 있는 것은 주지의 사실이다. 그러나 슬프게도 '근대화'의 슬로건을 팔아먹는 박 정권 4년에 근대화된 것이라고는 정보정치 수법과 부패의 수법과 민중 억압의 기술밖에 없다. 4대 의혹사건을 비롯하여 편타대출(便他貸出)이라는 특혜에 이르기까지 무수한 '부정과 부패'는 바로 이 정권의 상징이 되고 말았다. 혹자는 극히 선의에서 정치적 안정을 기대하고 있지만 사회적 부정이 창궐하는 한, 안정이란 있을 수 없는 일이다. 그러므로 오늘

이 사회에 정치적 불안정이 있다면 그 책임은 모름지기 이 정권 자신에다 돌려야 하는 것이다.

오늘 이 나라가 가는 길은 명확하다. 그것은 바로 파멸과 예속의 길이다. 이 새로운 민족적 위국(危局)에서 독립과 자유와 사회정의를 사랑하는 사람들은 무엇을 어떻게 해야 할 것인가?

_「사상계」 권두언 (1965년 6월호)

새로운 역사의 담당자는 고난 속에서도 새 시대를 준비하는 자이다

악한 세력이 거세면 거셀수록 그 속에서 성장하는 선한 세력이 굳어지고 커지는 법이다. 그러한 의미에서는 폭력이란 스스로를 붕괴시키는 새로운 힘을 일으키고 있는 셈이다. 악한 세력과 야합하여 그 힘을 더하는 것같이 보이는 세력이란 역사에 있어서 악한 세력과 함께 무너져가기로 예정된 과오 많은 낡은 군상들에 지나지 않는다. 이러한 의미에서 오늘의 국난은 역사의 심판이고 무너져야 할 세력에 대한 자기 붕괴의 계기라고 생각할 수 있다.

새로운 역사의 담당자란 그러므로 오늘 이 국난 속에서 낡은 세력과 더불어 민족을 배반하면서 현재의 나에게 집착하는 존재가 아니라 이 고난에도 불구하고 새 시대를 위하여 준비하는 사명인이라고 할 수 있다. 빛이 빛나기 위하여서는 암흑이 있어야 한다.

_「사상계」 권두언 (1965년 9월호)

항거 속에서 성장하는 지성과 민중의 각성 속에서 조국의 미래를 본다

사태가 아무리 어려워도 굴하지 않는 의지를 우리는 본다. 패배하는 것같이 보였으나 다시 일어나는 민중의 양식이 있다. 오늘 나의 이익이 아니라 무엇이 옳은가를 찾고 그것에 헌신하려는 잠재적인 엘리트의 함성을 우리는 듣는다. 항거 속에서 성장해 가는 지성, 더욱이 광범위한 대중 세력의 각성 속에 조국의 미래를 볼 수 있다고 느껴진다. 분열시키고 약화시키려는 세력 속에서도 하나를 지향하려는 국민의 거센 움직임을 알 수 있다. 오늘 우리가 처하여 있는 전락 이하의 전락은 없다. 이제 우리는 막다른 골목에 선 것같이 새로운 미래를 강하게 요구한다.

_「사상계」 (1965년 10월호)

우리는 그래도 새로운 희망을 가꾸고 싶다

우리는 흘러가는 1965년을 어두운 눈으로 바라보면서 역시 새해 새날에 걸 수 있는 아무런 기대를 가지고 있지 못한 것을 자각한다. 그러나 이 땅이 버릴 수 없는 조국이고 나와 내 자손이 피할 수 없는 생명이라면 묵은해를 체념으로 보내면서 새날의 결의를 가다듬어야 한다. 이 땅에서 번영을 누리고 살고 싶은 염원을 끊을 수 없는 것이기 때문에 우리는 그래도 기대를 걸고 싶고 새로운 희망을 가꾸고 싶다. 비록 오늘이 견딜 수 없는 어두운 밤이라고 하여도, 공동의 적 앞에서 모두가 절망하였을 때 인간은 가장 무섭게 단결한다. 여기에 역사의 전환이 있다. 이 운명의 길을 개척하고 지표를 내세울 새로운 비전이 집결될 수 있다면 활로가 열린다. 정권은 망해도 민족은 망하지 않는다.

_「사상계」권두언 (1965년 12월호)

실패를 거듭할수록 다시 커 가는 힘이 민족 역량이다

진정한 혁명이란, 많은 거듭된 실패한 혁명 끝에 쟁취되는 것이다. 그러니까 한 번의 노력에 좌절되고 패배 의식 속에 빠져서는 안 된다. 실패를 거듭하면 할수록 다시 더 커다란 힘, 그 애국심과 단결력을 재집결하는 불굴의 민족으로 성장해 가야 한다. 이때 그것은 부정을 무너뜨리는 힘일 뿐만 아니라 그다음에 진정한 국가를 건설할 수 있는 민족역량이 될 수 있다.

_「사상계」권두언 (1966년 1월호)

민족의 자유와 민권을 위한 투쟁은 반드시 성취될 것이다

확실히 우리 민족은 희망이 있는 민족입니다. 부정을 거부하고 악에 항쟁할 줄 아는 민족입니다. 이 민족의 자유와 민권을 위한 투쟁은 반드시 성취될 것입니다. 관권의 어리석음은 물러갈 것입니다. 참된 민주사회는 건설될 것입니다.

_「사상계」 권두언 (1966년 4월호)

4.19는 우리에게 희망과 자신을 안겨주었다

일제통치자들은 이조의 사색당쟁을 입증자료로 왜곡 확대시켜 한국민은 자치능력이 없는 민족이라고 낙인을 찍어 만방에 선전하였다. 이토록 몰아세우는 틈바구니 속에서 마치 그런 것들이 우리 민족에게 내재된 천형(天形)인 양 울기만 하였던 우리다. 그렇던 우리가 우리의 힘으로 독재와 부대를 일삼던 정권을 타도하였음은 참으로 놀라운 사실이 아닐 수 없었다. 따라서 우리는 단결할 수 있고 이 단결된 힘으로 남부끄럽지 않게 잘살 수 있다는 자신을 갖게 되었음은 너무나 당연한 일이라 하겠다.

이와 같이 4·19는 우리에게 희망과 자신을 안겨주었다. 이 희망과 이 자신은 이 민족의 저력이 된 것이다. 이 민족은 이 저력이 있으므로 절망치 않고 이 저력을 믿으므로 용기를 잃지 않게 된다.

_「사상계」 권두언 (1966년 4월호)

우리 앞에 산이 다가와 선 것 같은 무게를 느꼈다

내가 일군을 탈출하여 도보 6천리 중국 대륙을 횡단하여 충칭의 임정에 닿은 것은 1945년 1월 31일 오전 11시였다. 정문에 서서 보면 4층으로 보이는 임정 청사는 암석으로 된 언덕을 깎아 위로 연결시켜 지은 집이어서 꽤 웅장하게 보였다. 정문 앞에 도열한 우리 일행을 만나시려고 김구 선생은 위층에서부터 위풍 있는 걸음걸이로(그 의복은 초라한 중국옷이지만) 여러 각료들과 함께 내려오셨다. 우리 앞에 산이 다가와 서는 것 같은 무게를 느꼈다. 그때 김구 선생은 "일제하에서 대학을 다니던 자네들이 조국을 잊지 않고 정부를 찾아주다니…"라는 말을 하시다가 말씀을 잇지 못하시고 치미는 감격을 참으시느라 쏟아지는 눈물을 닦으시느라 하시던 모습이 생생히 기억난다.

_ 「동아일보」 (1969년 4월 10일호)

이 사회에서 애국과 도의를 찾는 것이 불가능한 것인가

애국자의 유족들이 걸식을 하게 되고 이 애국자들을 박해하던 일제의 충복들이 활보를 하는 사회일진대 여기에서 애국과 도의를 찾는 것은 가시덤불 속에서 무화과를 찾는 것과 같은 일이다. 우리는 가끔 후진의 부도덕과 무례에 격분하는 선배들을 대한다. 그러나 이 사회는 후진들에게 애국심을 길러주는 대신 애국자의 참담한 말로를 보여주었으며 예(禮)와 덕(德)을 주는 대신 무례와 패륜을 주었고 선(善)의 성장보다는 악(惡)의 번영을 보여주었다.

_ 「씨울의 소리」 (1972년 1, 2, 3, 4, 6월호)

우리는 진정 해방된 민족인가

우리가 얻은 해방은 한낱 주인을 바꾸어 섬기는 것이요, 형태를 달리한 노예 생활이라고는 생각되지 않는가? 생각하는 방향은 일본인이 가르쳐준 바요, 조직된 제도는 첨단적인 미국류의 모방이요, 운영 방식은 이민족을 통치함에 사용한 일제의 방식이니 우리의 문화를 어디서 찾겠는가? 이러고도 해방된 민족이라고 하겠는가?

_「씨울의 소리」(1972년 1, 2, 3, 4, 6월호)

아직도 흘려야 될 민주주의를 위한 피가 남아 있다

8·15 해방이 왜 참자유와 민권의 해방이 되지 못하였나? 을사국치조약(乙巳國恥條約) 이후 그렇게 많은 피를 흘렸음에도 불구하고 그 정도의 피만으로는 그 참 자유 참 민권을 위하여 지불된 대가로 충분하다고 볼 수 없었기 때문이라고 한다면 망발일까? 또한 엄청나게 커가는 일제(日帝)에 눌려 의병운동, 3·1 운동, 남북만주의 독립군 운동, 임정을 거점으로 한 독립운동 등을 통해 흘린 그 많은 선열의 피를 겨레의 혈관 속에 되살리지 못한 못난 후예들의 자포자기의 대가라고 본다면 과언일까?

_「기독교사상」(1972년 4월호)

6편

자주 외교에 대하여

생각하는 민족이라야 산다

우리가 얻은 해방은 한낱 주인을 바꾸어 섬기는 것이요, 형태를 달리한 노예 생활이라고는 생각되지 않는가. 생각하는 방향은 일인(日人)이 가르쳐준 바요, 조직된 제도는 첨단적인 미국류(流)의 모방이요, 운영방식은 이족(異族)을 통치함에 사용한 일제의 방식이니 우리의 문화를 어디서 찾겠는가. 이러고도 해방된 민족이라고 하겠는가.

생각하는 민족이라야 산다. 우리 겨레의 진정한 해방을 위하여 깊이 반성할 때는 왔다고 본다. 의(義)의 씨를 뿌려야 의의 열매는 거두어진다.

_「사상계」 권두언 (1958년 8월호)

자주는 자력에서 시작한다

자주는 자력에서 시작된다. 자주하는 범위는 자력에 정비례한다. 국민이 가진 역량이 강해짐은 이 국민의 자주 역량이 자람을 의미한다. 강한 자주 역량을 가졌을 때 우리의 기망(冀望)은 풀 수 있으리라.

_「사상계」 권두언 (1958년 9월호)

우리는 오직 이날을 살아야 한다

우리는 냉혹한 현실에 살고 있다. 이 현실은 어제가 낳은 아들이요 내일을 낳을 어머니다. 그러므로 우리의 현실이 우리 독자적인 것일 수 없는 것과 마찬가지로 내일과 절연된 것일 수 없다. 또 그렇다고 물러설 수도 뛰어넘을 수도 없다. 우리는 오직 이날을 살아야 한다. 그리고 이날에 산 결산도 하여야 한다. 그 결산의 가치에 따라 내일에 살 오늘의 아들의 갈 길은 결정된다.

정사(正邪)의 기로에서 내일을 바라볼 제 암연(暗然)한 바 없지 않으나 남을 탓함에 앞서 자(自)를 책하며 생에 비굴치 않고 행(行)에 참된 용기를 북돋우어 나라의 명운(命運)을 직시하여야 할 때인 줄로 안다.

_「사상계」권두언 (1959년 4월호)

이성이 만물의 척도이다

모든 문제의 해결기준을 만인의 보편적인 공정한 이성에 두려고 하는 것이 민주적 인간의 사무처리 방식이다. 이성이 만물의 척도다. 이 원칙이 새 인간의 행동 기준이다. 우리는 모든 문제를 합리적으로 생각하고 합리적으로 해결해 나아가지 아니하면 아니 된다.

'자주의 정신'과 '생산의 행동'과 '이성의 기준'을 근본 바탕으로 하는 새 시대의 새 인간, 이것이 한국의 새 역사를 창조해 나아가는 내일의 새로운 세력이 될 것이다.

_ 「사상계」 권두언 (1959년 7월호)

3.1절 정신은 자주와 자결이다

3·1절을 다시 맞는다. 이 해에도 의례적인 행사가 많이 있으리라고 본다. 또한 허다한 인사들의 입에서 3·1절 정신을 운(云)하는 열변도 듣게 될 것이다. 3·1절 정신은 곧 자주·자결의 정신이다. 이 정신에 표현된 행동은 폭력에 대한 반항이요, 거족적인 단결이었다.

_ 「사상계」 권두언 (1960년 3월호)

민족 비극의 대부분은 자체의 타락과 모순에 있다

우리가 40년간 이민족의 질곡에 얽매여 살게 된 연유나, 또 오늘의 이 암담한 사회상을 조성한 원인은 객관적 여건에 돌릴 바도 없지는 않으나 그 대부분이 자체의 타락과 모순에 있음은 역연한 사실이다. 나라의 부패와 쇠퇴가 그 극에 달하였기에 이족(異族)에게 침략의 기(機)를 주었으며 견결한 자주정신과 자결의 역량이 없었기에 국권이라고 찾아 놓고도 남의 장단에 춤을 추게 되는 것이며 민주국가라고 벌여 놓고도 민(民)은 주인의 구실을 못 하는 것이다.

_ 「사상계」 권두언 (1960년 3월호)

온 국민이 올바른 견해를 가질 수 있도록 계몽의 역군이 되라

우리는 정권의 교체를 간절히 바랐다. 누구를 미워해서도 아니고 어떤 당에 정권이 넘어감을 원해서도 아니다. 오직 백성의 힘으로 정권을 교체시킬 수 있다는 실(實)을 이 나라 이 백성이 체득케 하기 위해서였고 이(李) 대통령의 총명이 이에 미쳐 국민의 의사에는 누구나 복종한다는 전례를 만들어 국부(國父)로서의 만대의 숭앙을 받아주기를 바라는 간곡한 마음에서였다.

이제 우리는 또다시 오직 후진에게 희망을 걸고 이 나라의 민도 향상을 위하여 끊임없이 노력하겠노라. 온 국민이 올바른 견해를 기질 수 있도록 계몽의 역군이 되겠노라. 이 나라에 민권이 확립될 때까지 곳곳이 싸우겠노라. 이 나라에 바른 표준이 서기를 기원하겠노라.

_「사상계」 권두언 (1960년 4월호)

지금 우리는 위태로운 위치에 놓여 있다

이리하여 소련의 평화공존 정책은 각처에서 커다란 성과를 거두어가고 있지만, 일단 눈을 공산 진영 내부에 돌리어 살펴본다면 거기에는 옛날이나 지금이나 다름없는 무자비한 강압 정치가 계속되고 있으며 당장에라도 명령만 내리면 무기를 들고 침략해 나갈 만반 준비를 갖추고 있다. 그들의 눈에는 중립국가란 존재할 수가 없으며, 자기 진영에 가담하지 아니한 나라들은 모두 타도해야 할 정복 대상으로 밖에는 보이지 않는 것이다.

우리가 지금 놓여 있는 위치는 이만큼 위태로운 것이므로, 평화 공존이라든가 중립화라는 교묘한 술책에 어리석게도 넘어가지 않을 뿐만이 아니라, 우리의 주변에서 우리의 정신을 혼미하게 할 모든 독소를 제거하는 동시에 국민정신을 정화하는 일대 국민운동을 일으킬 것이 시급히 요청된다.

_「사상계」 권두언 (1960년 11월호)

우리의 정당한 권리를 구걸의 형식으로 포기할 수는 없다

우리는 일본 정부가 우리들의 청구권에 지불해야 할 재원의 출처가 어디 있는가를 물을 바 아니다. 그리고 지불받는 절차와 방식에 있어서도 양국의 이익이 될 수 있도록 신축성을 가져야 한다는 것을 물론 전제한다. 그러나 어떠한 경우에도 우리들은 정치적으로 떳떳하고 국제적 관례에 비추어 배치됨이 없는 우리들의 정당한 권리를 구걸의 형식에서 포기할 수는 없다. 그것은 민족적으로 명분이 서지 않는 일이요, 국가주권에 대한 중대한 모독행위가 되기 때문이다. 혹자는 경제적으로 문화적으로 약세에 있는 우리나라는 주권 운운의 주장을 버리고 실리만 있으면 어떠한 방법으로라도 받아들이는 것이 가하지 않느냐고 반문할는지 모르나, 우리들은 약세에 있으면 있을수록 국가주권의 옹호 강화에 있어서 민감하고도 강렬한 의지를 견지하지 않으면 안 된다. 만일 그렇지 못하다면 어떠한 후진국도 세계사에서 패망할 날이 멀지 않다고 봐야 할 것이다.

_「사상계」권두언 (1961년 10월호)

우리가 바라는 것은 물질적 동정이 아닌 법적으로 보장된 권리이다

우리가 이해하는 바로서는 미국의 오늘의 위신과 힘은 그가 소유하고 있는 고도의 핵무기 내지는 로켓 과학기술이나 그가 향유하는 거대한 부에 있는 것이 아니라 인간의 생명을 지극히 아끼고 인간의 권리를 존중하고 인간의 가치를 모든 가치의 우위에다 두는 점에 있는 것이다. 그런데 미국 정부는 자국 내에서 그렇게도 존중되는 인권이 한국에서는 공공연히 무시되는 데 대하여 무관심하며, 서상(敍上)의 불상사를 사전에 방지하고 설사 그것이 일어나는 경우에는 주권평등의 원칙에서 공평하게 해결할 법적 기구의 수립을 10년 동안이나 천연시켜 온 이유를 미국 국민이 과연 알고 있는지가 의아스럽다. 사건이 일어날 때마다 미군사령부와 미국 정부는 유감의 뜻을 표명하는 성명을 발표하고 피해자 또는 그 가족에게 위자금을 지불하는 것으로 그치나, 우리가 바라는 것은 공식 성명서나 물질적 동정이 아니라 법적으로 보장된 권리이다. 이 면에 있어서 우리는 미국 정부의 무성의에 대하여 민족적 항의를 보내는 동시에 선의의 미국 국민들의 도덕적 후원을 요청하는 바이다.

_「사상계」권두언 (1962년 3월호)

민주주의를 기피하는 민족 지상주의는 시대착오이다

우리는 지금 국내외적으로 민주주의 재건을 위한 도전에 부딪치고 있다. 더욱이 '미국의 내정간섭'을 반대한다는 일종의 선동에 이르러서는 그것이 일본에 대한 의존도를 형성할지도 모르는 무서운 결과를 가져오지나 않을까 적이 의심된다. 미국의 외원(外苑) 대신에 일본에 구걸하는 것이 낫다는 사대주의의 '가장된 부활'을 검토해 보아야 할 때가 왔다. 우리는 우방미국의 경원(經援)을 받지 않고도 잘 살 수 있는 경제자립을 희구하며 군원(軍援) 없이도 공산 침략을 격퇴할 수 있는 자주성의 확립을 위해 매진해야 한다. 그런데 현 단계에서 정치적 여건에 의해 외원(外援)을 끊고도 살 수 있다는 백일몽을 꾼다는 것은 위험천만한 광적인 국수주의적 사고방식이라 하지 않을 수 없다. 민주주의를 기피하는 민족지상주의야말로 시대착오적인 환상이요, 기분적 고립주의에 떨어져 공산주의자들의 수법에 농락되기 쉬움을 깨우쳐주고 싶다.

_「사상계」 권두언 (1963년 5월호)

역사의 청산 없이는 밝은 미래가 없다

일본의 유력한 신문들조차 '일본의 한국에 대한 40년 통치'의 업적을 자랑하면서, 한국에서는 군정이 연장되어야 한다고 주장하기까지 했다. 이들이 이렇게 과거의 '선정'(善政)을 들추고 있을 때, 우리만은 이 중대한 시기에 과거를 검토하지 않아야 하고, 이것이 한·일 양국의 앞날의 우의와 친선을 위하는 길인가? 역사에는 과거를 깨끗이 청산하지 않고서는 명랑한 미래는 있을 수 없는 것이다.

_「사상계」 권두언 (1963년 8월호)

현 정부는 과연 자주적 입장에서 대결하고 있는가

한·일 문제의 해결을 둘러싸고 일본 정부가 우리에게 가하는 일련의 민족적 멸시와 모욕에 대하여 '민족자주'를 내세우는 현 정부는 과연 자주적 입장에서 대결하고 있는가? 그렇지 않으면 사대주의 입장에서 굴종하고 있는가? 소위 김·오히라 회담을 전후하여 군사정권의 주체 층은 제2의 이완용(李完用) 또는 역적이 되는 한이 있더라도 한·일 문제는 해결하고야 만다는 경망한 발언을 삼가지 않았지만, 무엇 때문에 그들은 제2의 이완용이가 되면서까지 일본 측의 굴욕적 요구를 받아들이려 하는지 이해하기 어렵다. 우리의 생명선인 평화선은 어느새 40리(浬)의 전관수역안(專管水域案)의 거래로 바뀌고, 일본 측은 이것마저 과하다 하여 작금에는 3천만 불의 쥐꼬리만 한 어업차관을 미끼로 우리의 수산자원을 송두리째 삼키려 하고 있으니, 이제 우리에 대한 민족적 조롱은 그 절정에 달하고 있는 것이다.

_「사상계」 권두언 (1963년 12월호)

우리는 어떠한 경우에 있어서도 평화선을 양도할 수 없다

우리는 어떠한 경우에 있어서도 평화선을 양도할 수 없다는 것과, 재산청구권과 경제협력과는 엄격히 구별되어야 하며, 이상의 원칙이 무시되는 한, 한·일 문제의 해결은 10년이 아니라 100년이 지연되어도 실현될 수 없으며 그것은 전적으로 일본 정부의 책임이 된다는 것을 주장한다. 혹자는 말하기를 과거를 따지느니보다는 장래를 바라보고 실리를 추구해야 한다고 한다. 한·일 국교정상화에 관한 한, 이 이상 중대한 오론(誤論)은 없다.

역사에 있어서는 과거에 대한 선명한 규명이 없이는, 미래의 명랑한 제휴란 있을 수 없는 일이다.

_「사상계」 권두언 (1964년 3월호)

일본 정치인들보다 한국의 정치인들이 더 문제이다

한때는 제2의 이완용을 자처하려는 사람이 있는가 하면, 이번에는 한 나라의 국가원수에 대하여 부자지간을 운운하는 말까지 들린다. 우리는 일찍이 침략의 원흉 이토 히로부미(伊藤博文)에게서조차, 그러한 모욕을 받아본 일이 없다.

_「사상계」 권두언 (1964년 3월호)

서둘면 서둘수록 적의 계략에 빠진다

한·일 문제를 정부가 조급히 서둘면 서둘수록 그만큼 우리 입장은 약화되고 해결의 조건은 불리해진다는 것은 삼척동자도 다 알 수 있는 간단한 진리이다.

_「사상계」 권두언 (1964년 3월호)

정권은 변하여도 민족은 변치 않는다

끝으로 또 한 가지 국체(國體)에 관계되는 가장 중요한 조건인 기본조약 문제이다. 일본은 항상 공동선언만을 주장하고 있다. 그러나 이에 대해 우리 정부는 아무런 코멘트도 하지 않고 있을 뿐만 아니라 기본조약이건 공동선언이건 국교만 되면 그뿐이라는 태도마저도 엿보이고 있다. 정권은 변하여도 민족은 변치 않는다.

정부는 그 변경할 수 없는 김·오히라 메모를 공개하라, 그렇게 하여 국민을 벌레로 보고 흑막 속에서 모르게 흥정을 하는 오만불손한 태도를 단연코 청산하라. 그리고 벌써 받아 썼다고 국회에서 떠들어지고 있는 1억 3천만 불같은 의혹을 선명하게 풀고 여야와 온 국민의 지도자들이 잘 협조되어 이루어지는 한·일 국교의 길을 택하여 주기를 바란다. 이것이 한·일 국교를 진정으로 정상화하는 길이다.

_「동아일보」 (1964년 3월 28일)

우리는 다시 한번 굴욕외교에 항의한다

우리는 다시 한번 굴욕외교에 항의한다. 정상화가 아닌 한·일 국교는 경제적 노예화의 시작이다. 우리는 궁극적인 대안은 자립자조만이 빈곤을 추방할 수 있고 따라서 한·일 국교 정상화도 우리의 자립적 자세의 터전 위에서 이루어져야 한다는 그 점이다.

_「사상계」 권두언 (1964년 긴급 증간호)

우리 민족의 운명은 우리가 결정한다

그러므로 이제 우리가 민족의 주체의식을 문제 삼는다면 그것은 어떤 몇 사람의 자각을 의미하지 않는다. 더욱이 몇 권력을 쥔 사람들이 그러한 구호를 내걸고 자행자지(自行自止)하는 것을 결코 의미하지 않는다. 그것은 전 국민이 깊은 자각에 서서 안으로는 집권층을 비판하고 견책하면서 밖으로는 우리 민족의 운명을 우리가 결정한다는 자세로 확고하게 서는 것을 의미한다. 말하자면 그것은 깊은 자기 결단에 나를 바로잡고 만족의 오늘과 내일에 뜻깊게 참여하려는 것이라고 할 수 있다.

_「사상계」 권두언 (1965년 2월호)

굴욕적인 한일 회담의 반대 투쟁은 민족의 지상명령이다

굴욕적인 반민족적 한·일 회담의 비준을 막으려는 반대 투쟁의 불길은 민족의 지상명령이 되고, 역사의 엄숙한 소리로 화하여, 전국에 힘차게 번져간다. 최루탄과 곤봉의 세례 속에서 애국학생 우국시민들의 불퇴전(不退轉)의 데모와 단식투쟁과 일본 상품의 불매 운동으로 나타났다.

_「사상계」권두언 (1965년 8월호)

우리의 애국 지정과 용기는 다시 소생했다

해방으로 물러갔던 일본의 침략 세력은 20년 후에 다시 우리와 대결하게 되었다. 국보간난(國步艱難)의 위기를 당하여, 우리의 애국의 지정(至情)과 용기는 다시 소생했다. 청순한 민족적 양심과 공고한 역사적 사명을 가지고, 부정과 독재와 부패와 침체에 정면으로 도전하는 견실한 건설적 에너지가 다시 솟아났다.

맑은 눈과 깨끗한 양심과 힘찬 손발을 가지고 역사와 민족 앞에 다시 나서자.

_「사상계」권두언 (1965년 8월호)

미국의 선택과 결단, 어떻게 볼 것인가

이 박사의 독재정권이 4월 혁명의 노도 앞에 붕괴하는 과정에 있어 미국 사령관의 작전지휘권하에 있는 국군이 정치적 중립을 지켜서 이를 저해하지 않는 사실이나 5·16 군사혁명이 일어나자 합헌정부를 타도한 혁명군에게 다만 며칠간이나마 병력으로 돌아가라고 성명한 사실들은 우리로 하여금 미국의 정치적 이상을 다시 한번 상기시키게 하는 처사이었다. 그러나 그 후 군정기를 통하여 오늘날에 이르기까지 한국의 민정 복귀와 민주 발전에 대하여 미국 정부가 취하여온 정책은 우리로 하여금 미국의 대한 정책 결정의 진정한 동기가 무엇인지를 의심케 하는 사례가 한둘에 그치지 않았다. 그중에서도 한·일 협정의 졸속·굴욕·위헌·매국적인 체결을 감행하고 한국군의 월남파병을 결정하는 데 있어 한국민이 도저히 납득할 수 없는 비민주주의적인 사태 진전을 보고 미국은 다행한 일이라고 축하의 뜻을 표명하는 데 주저하지 않았을뿐더러, 심지어는 그런 민주역행적인 정치 현상에 미국 정부가 적극 개입한 흔적이 날이 갈수록 명백하여져 가는 것을 가장 유감스럽게 생각하지 않을 수 없다.

_「사상계」 권두언 (1965년 10월호)

북한에 대한 일본 정부의 입장은 왜 없는가

굴욕적이고 매국·위헌적이라고 해서 맹렬한 국민의 반대를 받은 한일협정에 대한 주요한 반대 이유의 하나도 여기에 있었다. 우리 정부는 "한국정부가 한반도에서의 유일한 합법정부"임을 일본이 그 기본조약 제3조에서 승인했다고 주장했지만, 일본 정부는 여기서도 북한에 대한 일본의 입장은 백지로 남아 있다고 강조했었다.

_「사상계」권두언 (1966년 9월호)

우리의 국토방위는 한반도와 그 부속도서 전역이다

대한민국의 행정력 아니 그 주권이 실질적으로 그 효력을 미치는 영역만의 방위가 곧 우리의 국토방위라고는 할 수 없다는 말이다. 우리 국토방위는 헌법에 규정된 한반도와 그 부속도서 전역에 대한 방위라야만 한다는 말이다. 흔히들 위정자가 이야기하듯 휴전선 이남의 지역 방위만을 들어서 "국토방위에 만전을 기하고 있다"고 말할 수 있는가? 이것은 완전한 착각이며 또한 철저한 어불성설이다.

_「사상계」 (1968년 8월호)

주권에 대한 충실과 충성만이 민족의 힘이다

우리에게 민족의 이상이 있는가? 물론 있다. 그러나 어지러운 시책은 이 민족 이상을 혼란에 빠뜨려, 굳건한 민족 이상을 흐리게 하고 우선 당장 걸리는 여러 비정(秕政)에 몰두하게 만든다. 여기에서 이념은 굳어질 수가 없다. 이상을 갖지 못한 민족이 그 어느 역사에서 자기 민족을 지키는 데 충실, 충성할 수 있었던가?

군주에 대한 충성은 이미 없다. 주권에 대한 충실과 충성만이 하나의 민족의 힘으로 과시될 수 있는 것이 오늘날이다.

이상을 잃은 개인의 자중을 할 필요나 그 자임(自任)하는 책임을 느낄 리 없다. "될 대로 되라!"는 체념이 개인과 나라를 망하게 한 예는 너무나 많다. 하물며 이상을 못 가진 민족이 어떻게 국가적 의무를 다할 수 있겠는가?

_「사상계」(1968년 8월호)

7편

남북통일에 대하여

6·25는 세계 일류의 생존권 투쟁이다

6·25는 동족상잔의 슬픈 감회를 회상시키는 날입니다. 5년 전의 이날은 우리 민족이 갖은 얼크러지고 대립된 모든 생각을 정리시켜 준 날이며 전 세계 인류가 그 생존권을 보호하기 위하여 집단 투쟁을 할 계기를 만들어준 날입니다.

_「사상계」 권두언 (1955년 6월호)

6·25사변을 깊이 생각한다

6·25사변은 왜 일어났는가? 이 사변을 통하여 얻은 것은 무엇이며 잃은 것은 무엇인가? 그중에도 어떤 것이 더욱더 중요한 것이었던가? 학생은 학생으로서, 공무원은 공무원으로서, 정치가는 정치가로서, 군인은 군인으로서, 실업가는 실업가로서, 학자는 학자로서 그 본분을 알고 지키고 있는가? 이 사회는 '정'(正)이 '정'(正)으로 통하고 '사'(邪)가 '사'(邪)로 인정되고 있는가? 또한 그 반대 현상은 없는가? 너무 심한 외세 의존으로 인하여 자신을 온전히 잃어버리지는 않았는가? 목전의 이득만을 귀히 여기고 민족의 장래나 국민의 장래나 국가의 공익은 저버리지 않았는가? 우리는 인류의 일원이며 우리나라는 자유세계의, 나아가서는 국제사회의 일원이라는 깊은 생각을 잊지나 않았는가?

냉혹한 반성과 예리한 비판이 없이는 새 설계는 할 수 없으며,

따라서 새 역사는 이루어지지 않을 것입니다.

_ 「사상계」 권두언 (1955년 6월호)

나는 암흑의 피안에 깃들인 광명을 믿는다

고요히 생각하면 빛깔도 길도 권위도 찾아볼 길 없는 이 황무지에서 아무것도 할 일이 없는 듯한 절망을 느낀다. 더구나 양단된 국토에서 동족상잔을 거듭함으로써 현대적 진통을 자신의 피로써 감당하고 있는 한국인으로서는 그 느끼는바 절망이 세계의 어느 누구보다도 절절한 바가 있다 할 것이다. 암흑의 심연이 영원히 계속된진대 차라리 죽음을 최상으로 택하는 것이 옳으리라. 그러나 암흑의 피안에 깃들인 광명을 믿는 까닭에, 협동 융화의 가능성을 내포한 인간의 선의를 믿는 까닭에, 나는 희망을 안고, 성의를 다하여나의 좁은 세계의 충실화를 꾀하고, 강제나 억압이 아닌, 진정으로우러나오는 인간과 인간, 동지와 동지의 우애를 바탕으로, 뭇사람의 앞길에 가로놓인 가시덤불 한 포기라도 꺾어주는 조그만 일이라도 하고자 하는 것이다.

_ 「사상계」 권두언 (1955년 7월호)

자신으로부터 해방되라

이민족의 총체적 규제에서는 해방되었으나 우리는 이제 자체로부터 해방되어야 하겠습니다. 국가의 기반을 좀먹는 무책임과 부패와 모략중상으로부터 해방되어야겠고, 진보를 가로막는 누습과 타력 의존과 태만으로부터 해방되어야겠고, 터무니없는 인권유린과 권력남용으로부터 해방되어야겠고, 이 모든 것의 소치로 오는 빈곤으로부터 해방되어야겠습니다. 남북통일의 제 일보도 여기 있고 부강한 국가 건설의 제 일보도 여기 있기 때문입니다.

_「사상계」 권두언 (1955년 8월호)

영광의 3·1절은 국토 통일의 완수이다

민족의 숭고한 염원인 국토통일의 대업을 금년도 이루지 못하고 민족의 복된 터전이 양단된 채로 다시 3·1절을 맞게 되니, 목숨을 독립과 혁명의 피의 제단 앞에 초개같이 내던진 3·1의 훌륭하신 선열들의 성혼(聖魂)을 대할 면목이 없습니다. 금년도 국토양단의 비극을 지닌 안타까운 심정으로 이날을 맞거니와 내년은 기필코 국토통일 완수의 감격과 기쁨 속에 영광의 3·1절을 맞도록 우리는 뜨거운 성충(誠忠)을 모아서 의로운 기원을 드려야 되겠습니다. 국토통일의 완수, 이것이 3·1절을 맞는 우리의 첫째 비원(悲願)입니다.

_「사상계」 권두언 (1958년 3월호)

6·25의 공포는 동족살해의 공포였다

전쟁은 항상 사람의 마음을 공포 속으로 몰아넣는다. 공포에서 일어나는 자기 방위의 본능은 어떠한 잔인도 불사한다. 우리가 겪은 6·25의 공포는 이족(異族)에 대한 그것이 아니었고 언어와 생활 습속이 같은 동족에게서 받은 공포였었다. 이 전쟁을 통하여 우리는 동족에게 살해를 당하였고 또한 동족을 살해하였다. 여기에서 생긴 우리의 잔인성은 이족(異族) 간의 전쟁에서 생긴 잔인성의 몇 배의 도를 가하게 된 것이다.

_「사상계」 권두언 (1959년 6월호)

버스 운전사와 청소차 운전수의 차이를 알라

실로 6·25는 인간의 생명의 가치를 너무도 절하했다. 백 대 일이 아니고 수천 수만 대 일로 절하했다. 행객 70~80명을 태운 버스 운전수와 쓰레기를 가득 싣고 달리는 청소차의 운전수의 심리와의 차이를 발견치 못한다. 인간의 생명은 유(唯)일회적인 것이기에 존귀한 것이며 무한대한 가치생산의 가치라기보다도 너무나 추한 것들이었으며 무가치한 것이었다.

신뢰심을 상실하고 생명의 고귀한 가치를 포기한 인간사회에 올 것은 순간적 향락과 사치 이외에는 아무것도 없을 것이다. 뇌물이 들어올 수 있는 자리라면 가장 좋은 자리라 하고, 어떠한 공금이라도 일시적 놀음에 서슴지 않고 내놓으며, 행인의 머리를 깨고 뺏은 돈으로 유흥가에서 하룻밤을 즐기는 허다한 사례는 이를 입증하고도 남는다.

_「사상계」 권두언 (1959년 6월호)

국토의 분단은 역사적 비극의 출발점이다

역사는 어떠한 가정에 서서 거꾸로 해석해서는 안 되는 것이지만 만일 국토의 잔인한 분단을 가져오지 않았더라면 우리나라가 자리 잡은 지정학적 위치로 보나 우리 겨레가 지닌 뛰어난 재질로 보나 8 · 15 해방은 우리로 하여금 민족적으로 크게 비약할 수 있는 역사적 시점이 될 수 있었을 것이다.

_「사상계」 권두언 (1961년 8월호)

사상계는 민족의 살길을 찾는 지도이다

"못난 조상이 되지 않기 위하여"라는 강렬한 의욕의 불길이 내 가슴을 태우던 시절이 다시 새롭다. 왜적에 항거하여 중국 대륙에 망명하던 선배들의 뒤를 따라 나의 젊은 넋도 민족혁명의 제단 위에 불사르겠노라 맹세하며 나섰던 길이언만 그대로 참아 견디기에는 그리 쉬운 일은 아니었다. 백설이 뒤덮인 험산 준령을 맨발로 걸어야 하였으며, 엄동에 아무런 침구도 없이 노숙을 계속해야 하였으며, 야속하게도 스머드는 굶주림과 싸워야 하였음은 물론, 시시각각으로 닥치는 죽음과의 대결도 계속할 수밖에 없었다. 이 같은 생활 속에서 언제나 다시 새로운 용기로 나를 불러일으켜 준 것은 "우리 후손들에게는 이런 고생을 시키지 말자"고 동지들과 끌어안고 거듭거듭하던 눈물 어린 맹세였었다.

우리의 몽매의 염원은 이루어졌었다. 1945년 8월 일제의 패망과 더불어 36년간의 사슬은 풀려 우리 민족사회에서는 자유의 기쁨만이 넘쳐흘렀다. 그러나 우리의 주·객관 모든 정세는 우리가 우리의 구실을 할 수 있는 자리를 잡지 못하게 하였다. 자유의 기쁨과 해방의 그 흥분이 가라앉기도 전에 우리 민족사회는 새로운 비극이 연발되었다. 양단된 국토, 동족상잔, 이 같은 슬픈 현실을 앞에 놓고 우리의 살길을 다시 더듬어보자고 남해항도 부산 피난지에서 일어난 것이 이「사상계」다.

_「사상계」 권두언 (1961년 11월호)

지금은 통일보다도 통일운동의 자유를 쟁취할 때다

지금은 통일보다도 통일운동의 자유를 쟁취해야 할 때다. 자유를 확신하는 영역은 자유를 억압하고 있는 세력의 지반보다 절대적으로 우세하다. 해방 30년을 관통하는 민중의 역량은, 독재자이며 분열주의자인 이승만을 타도하는 운동으로 집결되었고 60년대에 와서는 새로운 독재자 박정희를 타도하는 투쟁으로 이어지고 있다.

이들 독재자와의 투쟁을 통해서 우리들의 자유에 대한 확신과 가치 인식이 다져졌다. 이 때문에 우리는 절대로 이롭거나 소외되어 있지 않으며 민중을 동원할 객관적 조건을 제시받고 있다.

_「씨올의 소리」 (주최 토론회 발제 초안)

민족 통일만이 진정한 평화이다

이 모든 것을 민족 세력의 형성으로 실천한다. 민족 세력의 물질적 토대는 자주·자족적인 민족경제와 구조적으로 복지·평등사회인 경제체제이다.

민족 세력의 실체는 민중이며 반일 반외세의 민족 세력이며 자유를 위하여 투쟁해온 모든 민주 민족 세력이다.

민족 세력은 민족 화해의 주체이며 한반도의 평화를 위한 국내외의 여건을 긍정적으로 받아들여 이를 민족통일의 조건으로 발전시키며 민족의 통일만이 온전한 의미의 평화로 확신하는 세력이다.

_「씨올의 소리」 (주최 토론회 발제 초안)

통일은 멀고 험해도 기필코 우리가 가야 할 길이다

통일에의 길은 아직도 멀고 험난하다. 그렇지만 그 길은 기필코 우리가 가야 할 길이다. 우리 한 사람, 몇 사람의 재산과 지위와 명예가 희생되어서라도 가야 할 길이다. 그리고 이것은 이기고 지는 싸움이 아니다. 이 희생과 설사 있을지 모르는, 지는 것이야말로 영광스러운 이김이다.

_「씨올의 소리」 (1972년 9월호)

통일 이상의 지상명령은 우리에게 없다

모든 통일은 좋은가? 그렇다. 통일 이상의 지상명령은 없다. 통일로 갈라진 민족이 하나가 되는 것이며, 그것이 민족사의 전진이라면 당연히 모든 가치 있는 것들은 그 속에 실현될 것이다. 공산주의는 물론 민주주의, 평등, 자유, 번영, 복지 이 모든 것에 이르기까지 통일과 대립하는 개념인 동안은 진정한 실체를 획득할 수 없다. 모든 진리, 모든 도덕, 모든 선이 통일과 대립하는 것일 때는 그것은 거짓 명분이지 진실이 아니다.

_「씨올의 소리」 (1972년 9월호)

분단체제에서 잘 사는 것은 결코 잘 사는 것이 아니다

나의 사상, 주의, 또한 지위, 나의 재산, 나의 명예가 진실로 민족통일에 보탬이 되지 않는 분단체제로부터 누리고 있는 것이라면 우리는 이를 과감하게 희생시키지 않으면 안 된다. 이 위대한 자기 희생 없이는 통일은 결코 실현되지 않을 것이며, 이것은 또 새로운 반역이 될 수도 있다. 조금이라도 분단체제 때문에 누리고 있는 것이 있다면 그것은 나의 것 우리의 것이 아니며 언젠가 민족 앞에 희생해야 할 것이다. 이 위대한 희생을 거름으로 민족통일은 이루어지고 통일조국은 새롭게 자라날 것이다.

우리는 이제까지 정치적 자유의 확보를 위해 싸웠다. 정치적 자유는 그 자체도 기본적인 것이지만 보다 큰 민족적 자유를 확보하기 위한 수단이기에 더욱 중요한 것이다.

_「씨을의 소리」 (1972년 9월호)

조국은 우리들 모두의 것이다

이 땅에 사는 모든 백성은 한 번쯤 조용히 앉아서 참으로 조국은 누구의 것이냐를 따져 봄이 좋을 듯하다.

그렇다. 다시 묻거니와 조국은 과연 누구의 것인가. 네 것인가, 아니다. 그러면 내 것인가, 그것도 아니다. 조국은 네 것도 내 것도 아니요, 우리들 모두의 것이다. 통일을 한답시고 평양과 서울 사이를 왔다갔다하는 사람들만의 조국이 아님은 물론이다.

_「씨을의 소리」 (1972년 10월호)

나는 지금도 민족을 단결시킬 통일 양심의 거인을 기다린다

겨우 5천만을 단결시킬 위대한 통일정신이 아닌 삼천리 금수강산에 비길 수려한 통일 양심의 거인이 없단 말인가.

아니다, 내 백성 중에 한사람이라면 누구든지 반드시 통일을 쟁취해낼 속 힘이 있음을 나는 확신한다.

다만 민족통일이라는 위대한 성사 앞에서 자기가 갖고 있는 모든 것을 통째로 바칠 수 있는가를 다짐해야 한다. 뿐만 아니라 자기가 갖고 있는 모든 것을 동시에 내버릴 수 있어야만 한다.

_「씨올의 소리」(1973년 11월호)

8편

언론 자유에 대하여

사상계는 국가 재건의 양식이다

말이 많으되 남을 흥보는 말과 불평 중상 욕설뿐이며, 글이 많으되 건설적인 글을 찾아보기 드문 우리 사회에서 그래도 이만한 건설적 논리나마 나아가거니 할 제, 한편 기쁨의 감격을 편자 스스로 금치 못한다. 「사상계」는 황폐화한 국가 재건에 필요한 양식이 되고 공기(公器)가 되고자 새삼 맹세하는 바이다.

_ 「사상계」 (1953년 8월호)

묵은 관념을 버리고 새로운 미래를 창조하라

묵은 관념에서 한번 비약하여 새로운 세계를 창조하려는 인간의 노력은 헛되이 사라지지 않을 것이며 단연코 인간을 그 있어야 할 위치에 안주시킬 것입니다. 있었던, 그리고 있는 모든 우리 사회의 암흑상을 제거하고자 그리고 새 길을 발견하고자 애써온 「사상계」 일 년의 노력도 기어이 결실할 것이라 믿어집니다.

_ 「사상계」 권두언 (1953년 12월호)

진리가 자유케 한다

'진리'라 함은 누구나 다 긍정할 수 있는, 그리고 보편타당성을 가진 지식을 말함이다. 그러므로 '진리'는 자유의 성립 기초가 되며, 객관성 필연성을 가지게 된다. 그러나 역사적으로 고찰하건대 왕왕히 집권자들의 교만과 고집은 진리를 억압하려 하였으되 때로는 마치 태양이 검은 구름에 가리어 그 빛을 발하지 못함같이 그 모습을 나타내지 못한 채 수 세기가 흐르고 이 '진리'를 밝히려는 많은 선각자들이 희생을 당하게 되었던 것이다. 그리고 또한 때로는 진리 아닌 것이 진리를 행사하며 허위가 진리를 억압하여 온 것이다.

_ "진리를 위하여,"「사상계」권두언 (1954년 1월호)

국민의 자유와 인권은 보장되어야 한다

'진리'가 지향하는 바는 인류의 복지이다. 그러므로 '진리'에 철(撤)한 자는 항상 그 생각하는 바가 세계적이요 인류적이며, 행하는 바가 정의와 인도에 어그러짐이 없으며, 항상 신념과 용기를 가지고 모든 일에 당당하게 된다. 구국의 원리를 파악하고 정치운동을 하는 애국자가 우왕좌왕할 리 없으며, 국가부흥의 방략(方略)을 가진 정당 지도자의 입에서 '우리 당을 영도하는 이가 누구니까 잘될 것입니다'라는 따위의 신념 없는 말은 나오지 않아야 할 것이며, 새 세대의 지도자로 자처하는 자에게 독재욕은 없어야 하며, 국민의 공복임을 자인하는 행정관들이 그 관권을 악용하여 축적한 '달러'를 외국 은행에 저축하는 따위의 야비한 행위는 없어야 할 것이며, 구세의 신념을 가진 종교인에게 파벌 싸움의 여력과 구제 보따리에

눈이 어두워질 수는 없을 것이고, 진리 탐구에 몰두할 학자들에게 감투 욕심이 있을 수 없을 것이며, 민주국가를 건설한다고 자각하는 국민에게 자유와 인권은 보장되어 있어야 하며 관존사대(官尊事大)의 생각은 없어야 할 것이고, 멸공하고 국토를 통일한다는 민족에게 매국 행위는 없어야 할 것이다.

_ "진리를 위하여," 「사상계」 권두언 (1954년 1월호)

자유는 자율에 의한 구체적인 힘이다

인류의 일관된 욕구는 자유일 것이다. '자유'라 함은 한낱 추상이 아니요, 자율에 의한 구체적인 힘을 말함이며 이 구체적인 힘 중에도 대표적이며 근본적인 힘은 경제력·정치력임에 틀림없다. 그러므로 항상 문제가 되는 것은 권력의 소재이며 어느 곳에서든지 권력의 불균형은 항상 불공평을 가져왔으며 어떤 한 계층의 사람들에게 다른 계층의 사람들을 지배할 수 있는 절대 권력이 허여(許與)된 제도는 불공평이라기보다도 가장 죄악적인 타락을 하게 한 것이다.

_ "'자유' 수호를 위한 일언," 「사상계」 권두언 (1954년 2월호)

자유는 힘을 통해 타인의 자유를 침해하지 않는다

자유가 그 사회의 각 구성원에게까지 갖추어지려면 일정한 계

층의 자유 이외에는 인정되지 않는 사회기구는 변혁되지 않아서는
아니 됨과 동시에 '힘'이 사회 일반에 균등하게 편재하고 경제력이
나 정치력이 사회의 일방에 편재하지 못하도록 되어 있어야 한다.
국회의원이라도 해야 이권을 잡을 수 있고, 고위층에 약간의 인연
이라도 있어야 한 급이 오를 수 있고, 주요 관직을 차지해야 돈도
벌 수 있으며, 어떤 당, 어떤 파에 속하여야만 출세를 할 수 있대서
야 진정한 자유는 바랄 수 없는 것이다. 또한 현재 자유를 누리는
자들이 스스로 가진 그 힘을 가지고 남의 자유를 억압하고 다른 그
룹을 배척하는 일에 그 '힘'을 발동하여, 모략, 중상을 감행한다면
진정한 자유는 바랄 수 없을 것이며, 이같이 왜곡된 부분적 자유는
자유의 본성을 완전히 떠난 것이다. 그러므로 이런 사회에서는 인
간은 스스로 신성한 자기 자신 자유를 포기하고, 타에 예속하고, 아
부하고, 의존하려는 기생적 방법을 채택하게 되어 버린다. 힘의 배
분에는 소수인의 뛰어난 지성보다도 사회성원 전체가 참가한 통제
있는 사회적 지성을 동원하여 사회생활을 계획할 필요가 있다. 그
러므로 이에 따르는 정치력, 경제력의 편재에서만 진정한 자유는
얻어지는 것이다.

_ "'자유' 수호를 위한 일언," 「사상계」 권두언 (1954년 2월호)

국가는 개인을 위해 존재한다

마치 국가가 개인을 위하여 있지 개인이 국가를 위하여 있지 않

는 것과 마찬가지다. 국가는 언제나 그 권력과 강제력을 가지고 개인 인격의 발전과 문화향상을 방해하는 데 남용되어서는 안 된다. 만약 국가가 개인 인격을 지배하고 문화의 진로를 강요하거나 방해한다면 개인은 국가의 종이 되며 문화는 그 자율성과 독창성을 잃고 완전히 소멸되고 말 것이다.

_ "문화와 정치," 「사상계」 권두언 (1954년 8월호)

인간은 빵이 필요함과 동시에 자유가 필요하다

인류사회의 진보는 강제적 규칙에서 오는 것이 아니고 보다 적은 규약 밑에서 합심 협동할 때에 가장 크게 추진되는 것입니다.

대개 강력한 이기적 지배 밑에 놓여진 사회에 있어서는 대사업을 수행할 수 있는 유능한 인재가 바보로 무시를 당하거나 위험분자로 질시와 감시를 당하게 되는 허다한 예를 보았으며 이에 반하여 국민 각자가 사회적으로 정당한 관계를 맺고 그 생에 대한 희열과 이상을 가지게 되며 언론의 자유가 확실히 보장되고 착취를 당하는 일이 없고 공평이 전 사회를 지배하게 될 때 모든 사람은 그 가진 바 전 능력을 그 사회의 공동(共同)한 복리를 위하여 바치게 되는 것입니다. 그러므로 현실사회가 급급하고 있는 정권(政權), 식량, 의류, 주택, 사업, 달러, 무기, 각종 기계 등 모든 문제에 앞서는 문제는 이러한 여러 가지 문제를 어떻게 하여서 인간의 내면적인 복지와 결합시키느냐에 있을 것입니다. 인간은 빵이 필요함과 동시에 자유가 필요한 까닭입니다.

_ "협동정신의 발현을 위하여," 「사상계」권두언 (1955년 5월호)

언론 자유의 거점을 공고히 하라

과거 우리의 자유는 부패한 것이었다. 그렇다고 해서 우리는 자유 대신 부자유를 받아들일 수 없으며 의회민주정치를 포기할 수 없는 것도 이 때문이다. 자유권이 박탈된 공산북한을 해방시키는 길은 바로 우리 민국 내에서 건전한 자유권이 보장되는 일이요, 언론자유가 완전히 박탈된 북한 천지에 자유를 회복케 하는 길은 우리가 언론자유의 거점을 공고히 하는 일이라는 것을 한시도 망각해서는 안 될 것이다.

_ "자유의 확보가 승공의 길이다," 「사상계」권두언 (1962년 6월호)

결코 붓을 꺾지 않으련다

「사상계」는 자유사회에 있어서 언론의 책임과 자유에 대한 의의를 깊이 인식하고 특히 이번 언론상이 뜻하는바 막사이사이 대통령의 용기와 투지를 본지를 만드는 데 충분히 반영시켜야 하는 자각을 가진다. 지난 10년간 온갖 고난에도 굴함이 없이 간행해 온 이 적으나마 빛나는 길을 위해 성과 열을 다해 본지를 키워나가고 결코 붓을 꺾지 않으련다. 베르사유 감옥 속에서도 불의와 부패에 끊임없이 저항한 저 볼테르를 생각하면서 우리는 본지를 만들 것이다.

_ "새 세대가 우리의 희망이요 힘이다,"「사상계」권두언 (1962년 9월호)

권력에 야합하는 정신과 삶의 악순환의 고리를 끊어라

"권력이란 부패할 경향이 있다. 절대적인 권력은 절대로 부패한다."

민주주의는 이러한 권력에 대한 불신을 반영하고 있다. 그리고 우리는 5·16 이후 그 절대적인 권력이 무서운 전락의 길을 달려온 것을 똑똑히 보아왔다. 그러므로 오늘 이러한 불행을 되풀이하지 않기 위하여서도 그 권력을 견제하고 또한 경고하여 바른 방향을 찾게 하는 비판의 소리에 기대를 건다.

이 길만이 오늘의 어려움을 단절하는 길이고 또한 오랫동안 강압하는 권력의 밑에서 바른 소리를 잃고 다만 권력에 야합하고 기식하여 온 우리 정신과 삶이라는 전래적인 악순환을 타파하는 길이라고 생각한다. 그렇기 때문에 비판의 자유, 표현의 자유, 언론의 자유를 우리는 심하게 갈구한다.

_ "정부는 언론에 간섭 않기를 바란다,"「사상계」권두언 (1964년 10월호)

민권의 무기는 언론뿐이다

"나의 투쟁 표적은 집권당일 뿐이지 그 어떤 개인도 될 수가 없지 않습니까?"

나는 나의 선거구에서 일어난 갖가지 불미·부정한 '타락·부패·부정선거'를 이 자리에서 말하지 않겠다. 다만 그것이 바로 민권을 의식적으로 배반하는 집권당의 수단이었음을 지적하고자 한다. 나는 최근 「크리스천 사이언스 모니터」의 특파원에게 이렇게 말한 적이 있다. "부당하게 집권한 쿠데타 세력은 반드시 그들이 택했던 방법과 같은 운명으로 몰락할 것이 신의 의사일 것이다"라고….

그동안까지 내가 어떻게 민권의 대열이 무너지지 않고 독재를 견제할 수 있는 세력으로 건재하도록 민권 세력의 선봉에 계속 설수 있는가가 문제이다.

민권의 무기는 언론뿐이다. 독재정권은 권력과 금력과 총칼을 가졌지만, 이를 막을 수 있는 방패는 언론뿐이다. 왜냐하면 언론은 불의로부터 힘입는다는 역사적 사실이 우리를 보장하기 때문이다.

_ "어두워야 모여드는 청중," 「신동아」 (1967년 7월호)

언론의 권위는 자유스럽고 공평한 활동이 있다

자중성은 언론의 명맥이다. 언론의 권위는 자유스럽고 공평한 활동에 있다. 언론이 이 같은 명맥을 유지하고 이 같은 권위를 갖추고 있는 사회라야만 그것을 민주사회라 부를 수 있다. 이런 사회가 바로 우리 모두가 갈구하는 사회이며 또한 그러한 사회에서만 사람은 진정한 행복을 얻게 된다. 그리고 '언론의 자유'라는 것은 언론을 구사하는 사람들이 얼마나 정정당당하게 그 권리를 행사하였는가에 정비례하여 얻어지는 결과이다.

"알 권리와 알릴 권리는 참언론의 생명이다." 이것이 「사상계」가 지닌 언론관이다. 바로 그런 정신과 정성으로 일관된 싸움을 해왔다. 지금 아주 쓰러져버린 상태여서 싸울래야 싸울 수도 없지만 그런대로 옛날에는 멀쩡했던 것이 지금 정권하에서는 맥을 못 쓰고 쓰러져버렸으니 안타까운 일이다.

_ "「사상계」지의 수난사," 「씨올의 소리」 (1972년 1, 2, 3, 4, 6월호)

두려워 말고 할 말을 하라

우리는 흔히 집권자를 향해 언론자유를 보장하라고 외친다. 그러나 자유 사회에 있어서의 언론의 자유란 누구한테 보장을 받고야 누릴 수 있는 것은 아니다. 그냥 스스로 행사하여 누리면 되는 것이다. 뒤에 어찌 될 것이 마음에 걸린다면 그것은 벌써 언론의 타락이다.

언론의 자유는 그 언론을 구사하는 사람들 자신이 얼마나 정정당당하게 그 권리를 행사하였는가에 정비례하여 보장된다. 뭐가 두려워 말을 못 하면 그럴수록 더욱 횡포를 자행하는 것이 지배자들

의 생리이다. 그런 사람들만이 가득 찬 사회에는 영원히 언론자유
의 보장이란 없다. 노예사회에는 언론자유가 없는 것이 바로 그것
이다. 노예 자신들이 이미 그 언론의 자유를 바라지도 않을뿐더러
또 자유를 보장해준들 그것을 누릴 줄도 모르기 때문이다.

_ "우리의 현실과 사회정의,"「씨올의 소리」(1972년 5월호)

언론의 자유가 없는 한 사회정의를 기대할 수 없다

그 사회정의는 어떻게 하여 이루어질 수 있는 것인가? 그것은
한 마디로 언론 출판의 완전한 자유 없이는 실현될 수가 없는 것이
다. 왜냐하면 무엇이 사회정의이며 무엇이 부정의인가를 비판할 수
있는 것은 오직 매스컴이기 때문이다. 언론자유가 없는 한 이 땅에
언제까지나 사회정의란 기대할 수가 없고 그 사회정의의 실현이 없
는 한 이 나라의 위기는 언제까지나 극복할 수는 없을 것이다.

_ "우리의 현실과 사회정의,"「씨올의 소리」(1972년 5월호)

민족주의자의 길

_ 장준하

민족주의자의 길

장준하

사상사 대표, 「사상계」 편집위원

민족주의자가 가야 할 길은 무엇인가? 한 인간이 민족적 양심에 따라 자기의 생애를 살아가는 길은 무엇인가?

그것은 자기의 개인적인 인간적인 삶, 고달픔과 보람을 민족의 그것과 함께하는 것이리라.

민족적인 삶이 헐벗고 굶주리고 억압받고 있을 때 민족적인 양심에 살려는 사람의 눈물과 노력은 모두 이런 민족적인 간난을 극복하려는 데 바쳐진다.

하물며 민족이 민족으로서의 존재조차 없어지려 할 어두운 시절에는, 민족이 외세의 침략에 눌리어 그 마지막 숨통이 끊어지려는 암울한 시절에는, 민족주의자는 자기의 생명조차 민족적인 삶을 되찾는 싸움 속에서 불태우지 않을 수 없다.

왜냐하면 민족의 생명, 민족의 존재가 이미 없어져 버릴 때는 민족의 한 사람인 그의 개인적인 인간적인 생명과 존재조차 없어져 버리는 것이기 때문이다.

민족적인 생명과 존재와는 따로 있는 자기, 민족의 생명이 끊어진 뒤에도 살아있는 자기, 민족이 눌리고 헐벗고 있을 때 그렇지 않은 자기는 이미 자기 아닌 자기이며, 그렇기에 자기의 생명을 실현하는 인간이 아닌 것이다.

이것이 민족적 양심에 살려는 자와 그렇지 않은 자, 자기의 삶을 사는 자와 그렇지 않은 자, 참으로 인간적인 자와 그렇지 않은 자가 살아간 길의 갈림점이었다.

애국자의 길과 매국노의 길, 민족적 사랑의 길과 배신의 길이 갈리는 길목인 것이다.

그렇기에 비민족·반민족적인 길에 빠져 버리거나 스스로 택하는 자의 모든 '개인적인', '인간적인' 번뇌는 아무리 그것이 절실하고 불가피하고 자기대로 푸념할 수 있는 것일지라도 이미 진실로 '인간적인' 것은 아닌 것이다. 인간의 가장 고귀한 모습, 또 그의 본질은 자기를 성장시켜가고 실현해 가는 것이지 노예의 부귀와 영화에 있지 않은 것이다. 저 길바닥에 던져진 한 개의 돌멩이조차 모진 비바람 속에서도 끝까지 그가 돌임을 지켜갈 때 그는 자기를 실현하고 있다고 하겠거니와 설사 옥(玉)으로 바뀐다 하더라도 그때는 하나의 돌은 아닌 것이다.

하물며 노예의 부귀와 영화와 참으로 인간적인 영광과는 정반대의 길이며, 오히려 노예 가운데서도 이를 벗어나려는 싸움이야말로 고귀한 인간적인 삶의 모습인 것이다.

불행하게도 민족적인 삶의 길이 험난했던 민족의 경우에는 살아가는 일조차 이렇게 험난했다. 말 그대로, 말은 쉽지만 행동은 힘들었고 그랬기에 구슬처럼 맑게 살아간 젊은 시인조차 "인생은 살기 어렵다는데, 시가 이렇게 쉽게 씌어지는 것은, 부끄러운 일이다"(윤동주)라고 옥에서조차 절규하지 않았는가?

우리 민족의 지난날, 더욱 가까이 최근세는 정말 험난의 연속이었다.

세계의 시궁창이 이리로 흘러들어왔고, 세계의 모순, 세계사의 범죄가 이 땅을 무대로 일어났다. 산 높고 물 맑은 강토에 살던 착한 우리 백성들은 홍수처럼, 악마의 불길처럼 밀려드는 이 세계사의 시궁창 물에 휩쓸리지 않을 수 없었다. 세계사의 악 중의 악인 제국주의가, 악마 중의 악마인 군국주의가 그 가장 표독한 이빨을 우리 민족에 들이댔던 것이다.

누르고 뺏고 마침내 말도 빼앗고 성조차 갈려고 했다. 까닭 없는 싸움터로 내몰아 앞세워 죽이고 마지막 땀방울까지 빼앗아 가고 인류의 족보 위에 한민족의 존재조차 말살하려는 것이었다.

하건만 표독한 이빨 앞에서도 끈질긴 항쟁이 있었다. 비록 총칼 든 전투, 이름난 의사·열사가 아니더라도 들판에서 공장에서 낯선 이국땅에서 끊임없이 싸웠다. 이 싸우는 민중에게는 바로 민족적인 삶이 자기의 개인적인 삶이었고 국토를 빼앗기는 것은 생활의 터전을 빼앗기는 것이었다. 그렇기에 광복은 생활의 터전과 자기의 인간적인 삶을 되찾는 길이었다.

이와는 달리 애국이 자기의 삶과 일치하지 않고 지식과 논리가 삶의 터전에 뿌리박지 못하고 있던 일부 지식인 지도층에서는 민족에 대한 배반도 일어났다.

하지만 항쟁의 길이 고달프고 외로운 듯했지만 그 실은 온 민중과 함께 있는 것이기에 그렇지 않았으며 그렇기에 그 승리의 영광은 더욱 보람찬 것이었다.

장구한 싸움 끝에 일제는 패망하고 우리 민족에게는 광복이 왔다.

빼앗던 자가 망하고 억누르던 자가 쫓겨 가고 포악한 침략전쟁이 패망하여 우리 민족의 삶을 다시 찾은 이 해방의 순간보다 더한 감격이 어디 있겠는가?

민족 해방의 환희, 그렇게도 그리던 기쁨, 이 기쁨을 기다리고 참고 견딘 어두운 고통, 이 고통스러운 싸움 속에서 그리던 희망, 이 기쁨과 희망을 이제 현실로 실현하려는 설렘, 이 벅찬 설렘을 무엇에다 비길 수 있으랴.

이 벅찬 설렘이 하나하나 실현되고 알차게 영글어 갔다면 이에 비길 행복이 어디 있으랴만 세계사의 흐름은 그렇게 섭사리 우리 민족의 앞길을 밝혀주지 않았다. 압제자 일본군국주의를 무장해제하기 위해 남북한에 나누어 진주한 외국군은 군사적 진주와 점령에 그치지 않고 이것을 정치적 진주와 점령으로 굳혀 갔다. 세계사의 새로운 모순, 동서 냉전체제라는 새로운 범죄가 우리의 강토, 우리 민족의 생명 위에서 새로운 운명을 장난질했다.

게다가 세계사의 이와 같은 새로운 모순이 이 민족에게 무엇을 의미하는가, 그것이 새로운 외세에 의한 민족의 양분(兩分)이란 것을 분명히 깨닫지 못하고 이를 권력 장악의 조건으로 이용한 일부 신생 권력층은 안에서, 밖에서 강요한 양분체제에 대응하였다.

통분스러운 일이지만 이렇게 민족은 양분되었고, 통일을 갈망한 민중의 염원은 현실적인 힘을 얻지 못하고 내외가 상응한 분단체제에 묶여 들어가지 않을 수 없었다.

이 원통한 냉전체제에 의한 민족의 분단은 기억하기도 참혹한 열전으로까지 터지고 말았다. 세계의 갈등이 그 가장 참혹한 열전으로까지 터지고 말았다.

도대체 우리에게 언제 그토록 불구대천의 원수로 갈라진 무슨 주의가 있었고, 그 주의에 따라 나라와 민족을 두 동강 내어 살기를 원했던가? 그뿐인가, 역사의 똥인 전쟁, 그 가장 더러운 동족상잔을 우리가 청부 맡아 했다니 5천 년 민족사 앞에 아니 인류의 역사 앞에 무슨 낯을 들 수 있으랴.

회상하기도 끔찍하고 몸서리치게 싫지만 다시 다짐하지 않을 수 없다.

전쟁에 앞서 평화를 확보한 자보다 이긴 승자는 없다. 하물며 동족과 형제끼리의 싸움에 평화보다 더 영광스러운 승리는 없다.

어떻든 우리 민족은 금세기 가장 더러운 세계사의 범죄를 청부 받았다.

전후(戰後) 냉전체제에 의한 남북 분단은 적어도 두 가지 의미에 있어서 우리 민족에게 자기부정을 의미하고 있다.

하나는 이 분단에 대응한 국내 세력의 움직임이 어떠했든 그 기본적 계기는 외세에 의한 것이었다.

그리고 다음 하나는 분단된 민족은 역사의 실천 단위로서는 적어도 하나의 주체적 자기 존재를 가지고 있다고 할 수는 없다. 둘로 나누어진 그 한쪽은 어느 쪽도 하나의 주체적 단위가 될 수는 없는 것이다. 그렇지 않다는 강변(强辯)은 분단의 합리화를 위한 거짓 명분일 뿐이다.

어떻든 이 분단체제 그 세계적 주범인 양극 냉전체제도 긴장 완화니 해방이니 하고 근본적으로 새로운 모습으로 변해갔다. 미국과 소련, 미국과 중공의 대결과 대립의 완화, 소련과 중공의 동맹과 대립의 과정은 근본적으로 우리의 주변 정세를 바꾸어 놓았다.

적어도 냉전체제의 최전선에서 총칼을 앞세운 대결은 의미를 잃었고 오히려 대국의 공존을 방해하는 것으로도 보이게끔 되었다.

이와 같은 양분 무력 대결의 근본 조건이 바뀌어져 가는 상황 이래 우리 민족은 무엇을 할 수 있는가?

외세에 의한 자기 분열을 강요했던 자기 부정의 조건이 스스로 변화하는데 그래도 우리는 어리석게도 자기 부정을 고집하고 있어야 한단 말인가?

이와 같이 새로운 정세 앞에서 우리 민족이 해야 할 결단은 스스로 분명해진다.

그것은 갈라진 하나를 다시 하나의 자기로 통일하는 것이다. 그리고 이런 노력과 힘을 갈라진 양쪽에서 함께 기울이며 기르는 것이다.

민족적 양심에 살려는 사람 앞에 갈라진 민족, 둘로 나누어진 자기를 다시 하나로 통일하는 이상의 명제는 없다. 이를 위한 안팎의 조건을 만들어가는 일 이상의 절실한 과제는 없다.

어떤 논리도 이해도 이 앞에서는 뒤로 물러나야 한다.

이런 대원칙 아래서 굳어진 논리, 고집스러운 자세를 고쳐가야 한다.

근본과 말단을 바꾸어서는 안 된다. 무엇이 거기에 따르는 것인가를 가려야 한다.

모든 통일은 좋은가?

그렇다. 통일 이상의 지상명령은 없다. 통일로 갈라진 민족이 하나가 되는 것이며, 그것이 민족사의 전진이라면 당연히 모든 가치 있는 것들은 그 속에 실현될 것이다. 공산주의는 물론 민주주의, 평등, 자유, 번영, 복지 이 모든 것에 이르기까지 통일과 대립되는 개념인 동안은 진정한 실체를 획득할 수 없다. 모든 진리, 모든 도덕, 모든 선이 통일과 대립하는 것일 때는 그것은 거짓 명분이지 진실이 아니다.

적어도 우리의 통일은 이런 것이며, 그렇지 않고는 종국적으로 실현되지도 않을 것이다.

지난 7월 4일 남북한 공동성명이 발표되고 8월 말과 9월 초에는 적십자 회담을 위하여 갈라졌던 동포가 27년 만에 오고 갔다.

민족적 양심에 살려는 사람의 지상 과제가 분단된 민족의 통일이라고 할 때 어떻게 이 사실을 엄청난 감격으로 받아들이지 않겠는가?

말로 따지고 글자로 적기 전에 콧날이 시큰하고 마침내 왈칵 울음을 터뜨리지 않을 수 있으랴.

이것을 감상이라고도 하고 감정적이라고도 할지 모르지만, 이 감상, 이 감정 없이 그가 하나의 인간, 민족 분단의 설움으로 지새워 온 민족 양심을 가진 사람이라고 하겠는가.

생활에 바빠 일에 쫓기어 이런 소식에 늦은 우리 동포가 있을지 모르나 그 모든 민중의 소리 내지 않는 가슴의 밑바닥에 파도처럼 철렁이는 감격을 누가 부인할 수 있으리오.

그리고 이 뜨거운 눈물과 감동과 열정 없이 어떻게 얼음처럼 쇠처럼 차디차게 얼어붙었던 분단의 벽이 녹아내릴 수 있겠는가?

실로 남북을 잇닿은 전화 줄은 한두 사람의 대화의 수단이 아니라 갈라졌던 형제 동포의 눈물과 호소와 환희를 서로 만지는 가슴이며 손이어야 한다.

남북공동성명과 적십자회담의 결과로 진실로 평화적인 민족통일의 길이 열린다면 이보다 더 위대한 일은 세계사에도 우리 민족사에도 없을 것이란 말을 감히 하겠다.

생각해 보면 지난 4반세기의 민족 분단은 얼핏 말하듯 이념과 제도의 차이만을 말하는 것이 아니었다. 민족 한 사람의 생활의 분단이자 곧 파괴요, 나 자신의 분열이요 파괴였다.

남북한에 걸쳐서 민족의 정력은 모두 민족적 적대, 자기 파괴를 위해 고갈된 지경에 이르렀다. 이 가난, 이 부자유의 최대의 원인이 무엇인가. 그것은 민족 분단에서 찾지 않을 수 없다. 그보다 더는 '이산가족' 흩어진 가족이란 말에도 보이듯 우리들 한 집안 또 한 사람의 가장 큰 인간적 불행이 어디에서 왔는가를 따져 생각해 본다면 그 역시 민족적 분열에서 왔음을 깨닫지 않을 수 없다.

　부모 형제가 만나지 못하고 부부가 헤어져 살고, 형제끼리 죽이고 죽었고, 어버이와 자식을 잃은 불행이 어디에서 왔던가?

　남북 분열, 적대적 대결로 남북 양쪽 모두 정치, 경제, 사회, 문화가 얼마나 비뚤어져 달리기만 해서 마침내는 모두 절름발이가 될 지경에 이르고 말았지 않은가?

　그러하기에 우리 민족의 양분, 무력 대결은 휴전선의 튼튼한 철조망을 의미하는 것이 아니라 민족 또 개인 한 사람 한 사람의 모든 것의 파괴와 왜곡을 뜻한다.

　진실로 남북공동성명과 적십자회담이 민족평화통일의 첫발이 된다면 그것은 우리 민족 모두의 인간적 고통의 해결이요, 민족사가 자기 파괴와 왜곡의 역사를 청산하고 새로운 막을 올리는 계기가 될 것이다.

　우리가 남북공동성명과 적십자회담과 같은 역사적인 감각을 통째로 받아들이면서도 '정말', '진실로' 따위의 군더더기 같은 말을 그 앞에 붙이지 않으면 안 될 애절한 사연이 있다.

　그것은 이제 다시는 이 민족적 감격이 짓밟혀 버리는 일이 되풀이되어서는 안 된다는 것이다.

어떤 국제 정세나 국내 정치적 이유로도 적어도 지금까지 진전된 남북관계를 후퇴시키거나 동결시킨 명분이 될 수 없음을 확인해야 하는 것이다.

만약 국제 정세가 이 새로운 후퇴와 동결을 강요한다면 우리는 거기에 맞서 싸워야 하며, 국내 정치적 이유로 이런 일이 획책된다면 우리는 5천만 민족의 이름으로 이를 용납할 수 없다.

그러기 때문에 다시는 이런 잘못을 되풀이하지 않기 위하여 남북공동성명과 적십자회담이 가질 수 있는 모자라는 점이나 부정적인 측면을 냉정하게 가리어 염두에 두고 이런 함정에 빠지지 않도록 경계해 두지 않으면 안 된다.

먼저 자주평화통일이 전체 민족의 염원이었으되 그 진전이 방해 받아온 것은 기본적으로는 국제 정세의 탓이었고, 이번 계기도 국제 정세의 발전에 의하여 이루어진 것이다.

따라서 국제 정세와 주변 열강의 이해가 우리의 남북의 긴장을 요구하기도 했고 이제는 긴장 완화를 요구하고 있다.

이런 조건이 언제 다시 긴장을 요구할지 아니면 긴장 완화와 무력만 사용하지 말고 대결하면서 공존할 것을 요구할지 모른다. 아마도 국제 정세와 주변 열강은 이런 남북의 평화 공존을 요구함이 분명할 것이다.

이것은 무력 대결보다는 나은 것이지만 진정 우리가 바라는 통일의 길은 아니다. 만약 이와 같은 주변 열강의 요구에 따라 남북한

이 평화공존으로 동결되고 그 이상의 통일을 위한 노력을 실질적으로 포기한다면 그것은 더욱 분단을 항구화하고 통일과는 반대쪽으로 치달리게 된다.

그다음, 지금 남북한의 정권 담당층은 주변 열강의 요청과 함께 내부 개혁은 전연 없는 가운데이긴 하지만 긴장 완화에 적극적인 계기를 만들었다. 그리고 이것은 밖으로부터의 요청일뿐 아니라 안으로부터의 요청이기도 하다. 그러나 앞으로 만약 주변 열강의 요청이 현상 동결일 때 이와 맞서서 통일에의 길을 진전시킬 수 있을지 그것이 문제다. 우리는 허심탄회하게 말하며 이러한 점을 일부러 의심하고자 하는 것이 아니라 염려하지 않을 수 없는 것이다. 왜냐하면 과거는 미래를 보는 거울이며, 이 지난날의 거울에 비추어 볼 때 어찌 이런 염려를 하지 않을 수 있겠는가! 두 번 실패를 되풀이하는 어리석음은 용납할 수 없기 때문이다.

이것을 물리치는 길은 양쪽에서 함께 주변 열강이 우리의 통일로 가는 길과 반대될 때는 물리칠 각오를 갖지 않으면 안 된다. 물론 이것은 지배의 발판을 민족적 양심, 민중에게 두었을 때만 가능한 일이요, 적어도 민중은 이런 각오를 굳게 다지지 않는다면 또다시 지고 말 것이다. 통일은 지배층에게만 필요한 것이 아니라 민중에게 더욱 절실히 요구되는 것인 까닭이다.

지금 우리는 적지 않은 염려를 갖고 있기는 하지만 무력 대결을 회피하고 긴장 완화와 평화를 얻는 데 성공해 가고 있다. 통일이 급하고 지상과제이기는 하되 전쟁은 참혹하다. 참혹할 뿐 아니라 근본적으로 그것은 통일로 가는 가능한 수단이 아니다. 우리는 무엇으로도 보상받을 수 없는 참혹한 경험을 통해 그것을 배웠다.

전쟁은 아무것도 얻지 못하고 모든 것을 잃게 만들었음을 거듭 확인해야 한다.

새삼 이를 확인하는 것은 불행하게도 역사는 때로 작용과 반작용을 되풀이하는 수가 있기 때문이다. 지금 이렇게 추구되고 있는 긴장 완화와 평화는 한 걸음이라도 앞으로 나아가야지 한 치도 물러서서는 안 된다. 우리뿐이 아니다. 저 참혹한 월남전쟁 30년 동안 모두가 죽어가고 나서야 전쟁이 바람직하지 않다는 것을 깨닫게 하고 있다. 이 귀중한 교훈을 새겨서 귀한 옥동자를 다루듯 벅찬 희망과 감격을 안고도 그 어루만지는 손길은 조심스러워야 하고 지금부터 온 민중이 이 어렵게 얻은 옥동자를 떨어뜨려 다치지 말아야 한다는 굳은 결의가 있어야 한다.

또한 지금 통일은 국민들에게 새로운 희망을 주는 새로운 상징으로 등장하고 있다. 이것은 당연한 일이다. 하지만 어떻게 보면 이는 민족통일을 민중과 갈라 현실적으로 이를 다루는 정부나 관계기관의 일로 보이게 하는 것이기도 하고, 또는 고향이 그립다든지 흩어진 가족이 보고 싶다든지 하는 감정과 차원에 그치게 하여 직접 이산가족이 아니라면 민중의 실생활과는 관계없는 것으로 만들어 버릴지 모른다.

통일은 처음부터 끝까지 민중의 일이다. 통일은 감상적 갈망이기도 하지만 우리가 하루하루 사는 생활과 직결된 것이다. 통일 없이는 가난, 부자유, 이 모든 현실적 고통은 결코 궁극적으로 해결되지 못함을 알고 알려야 한다. 그러므로 통일 문제는 스스로가 관여하고 따지고 밀고 나가야 한다. 현재 진전되고 있는 남북문제는 수많은 문제점을 안고 있다. 그러함에도 불구하고 이 문제점들은 보다 보충하고 염려해야 할 점이지 남북관계의 진전 자체를 부정해야 할 근거가 못 됨은 변함이 없다.

어떻게 하면 이와 같은 문제점들을 보충하고 더욱 진전시킬 수 있을까?

여기에 우리의 노력은 집중되어야 한다. 그 부정적 측면에 빠지지 못하도록 경계해야 하고, 그 긍정적인 면을 더욱 앞으로 밀고 나가야 한다.

먼저 우리는 분단의 민족사에 대한 반성으로부터 시작해야 할 것이다. 앞서 말했지만 분단의 기본적 계기는 외세였지만 우리의 힘이 이런 외세를 주체적으로 극복하지 못하고 만 책임을 통감해야 하고 더구나 분단을 더욱 굳혀만 온 지난 26년을 반성해야 한다. 특히 이 점에서는 집권층을 비롯한 또 지식인들까지 포함한 우리 사회의 상층부가 더욱 진지하게 반성하고 절실하게 책임을 느껴야 한다. 분단 체제의 모든 가치와 논리 그리고 정책과 그 실행을 반성해야 한다.

다음으로 이 반성이 진실하고도 진지했다면 그것은 현재의 우리, 현재의 나의 희생을 요구함을 깨달아야 한다. 그리고 이 희생은 보다 가치 있는 삶과 세계로의 전진임은 물론이다. 나의 사상, 주의 또한 지위, 나의 재산, 나의 명예가 진실로 민족통일에 보탬이 되지 않는 분단 체제로부터 누리고 있는 것이라면 우리는 이를 과감하게 희생시키지 않으면 안 된다. 이 위대한 자기희생 없이는 통일은 결코 실현되지 않을 것이며, 이것은 또 새로운 반역이 될 수도 있다. 조금이라도 분단체제 때문에 누리고 있는 것이 있다면 그것은 나의 것 우리의 것이 아니며 언젠가 민족 앞에 희생해야 할 것이다. 이 위대한 희생을 거름으로 민족통일은 이루어지고 통일조국은 새롭게 자라날 것이다.

우리는 이제까지 정치적 자유의 확보를 위해 싸웠다. 정치적 자유는 그 자체도 기본적인 것이지만 보다 큰 민족의 자유를 확보하기 위한 수단이기에 더욱 중요한 것이다.

오늘 민족적 자유가 현실적으로는 확대되고 있음을 인정 안 할 도리가 없다. 다만 그 과정, 그 방법에서 정치적 자유의 억압으로 민족적 참여가 실현되지 못했다. 하지만 이제 그 과정을 탓함에 그칠 것이 아니라 적어도 집권자에 의해 확대된 만큼의 민족적 자유를 민족 전체가 향유할 정치적 자유가 확보되어야 함을 주장해야 할 것이다. 당연히 이를 위한 법적인 또는 현실적 제(諸)조치가 단행되어야 한다. 왜냐하면 민족 전체에게 확보되지 못한 민족적 자유란 민족 전체에게는 새로운 외압(外壓)이며 따라서 이것은 말만 있고 실체(實體)가 없는 자유이기 때문이다.

이렇게 확대된 자유 위에서 통일을 향한 전진이 이루어져야 한다. 통일을 향하여 경제 구조가 바뀌어야 하고 국토계획이 마련되어야 하고 민족이 동질성을 함양하는 문화 구조과 세워져야 한다.

첫째는 정치, 경제, 문화 어디서나 자주성을 확보하는 것이다. 다음은 하나의 민족을 향해 서로 개혁해 나가야 한다. 그 개혁은 조국은 하나라는 민족 전래의 입장으로 다시 돌아가고 다시 창조하는 것을 의미한다. 그 하나의 조국은 두 개의 국가 때문에 피해 받은 민중의 조국임은 물론이다. 따라서 두 개의 국가란 그러한 상황에서 권력을 장악한 몇 사람의 것이요 민중의 조국은 끝까지 하나임을 자각시키는 일이다.

그 현실적인 단계로 지금 일컬어지는 복합국가론(複合國家論) 같은 것은 신중하게 검토되어야 하며, 이것은 또 외형의 문제이고 내부 체제에 있어서 복합사회라고 할 제(諸)제도와 체제의 병존과 같은 사회체제도 연구되어야 할 것이다. 이것은 아마도 동서 양 진영이 아니라 제3세계 또는 이스라엘의 사회체제에서 교훈을 얻을 수 있을 것이다.

물론 이것은 하나의 민족, 하나의 국가를 향한 현실적인 하나의 단계이지 궁극의 목표는 아니다. 적어도 각 분야에서 대외 의존이 청산되고, 자주성이 세워지고, 이에 따라 통일민족의 의식과 도덕이 확립된다면 복합적 사회체제가 불가능하다고는 할 수 없을 것이다.

통일에의 길은 아직도 멀고 험난하다. 그렇지만 그 길은 기필코 우리가 가야 할 길이다. 우리 한 사람, 또는 몇 사람의 재산과 지위와 명예가 희생되어서라도 가야 할 길이다. 그리고 이것은 이기고 지는 싸움이 아니다. 이 희생과 설사 있을지 모르는, 지는 것이야말로 보다 영광스러운 이김이다.

백범 김구 선생이 민족통일의 혈로를 뚫기 위해 몸을 던질 때, "이제 내가 가는 길은 뒷사람의 이정표가 될 것"이라고 말했던 그 길을 이제 우리는 다시 가야 한다. 지금 우리가 가는 길도 다시 뒷사람의 이정표가 될 것이다. 이 길이 민족적 양심에 살려는 사람이 가는 길이기 때문이다.

_「씨알의 소리」 (1972년 9월호)

1918. 8. 27.		평북 의주(義州)에서 장석인과 김경문의 맏아들로 장준하 출생
1920	(3세)	장석인의 독립운동으로 일본 경찰에 쫓겨 온 가족이 삭주(朔州)로 이사
1933	(16세)	삭주 대관보통학교 졸업. 부친이 교사로 있는 평양(平壤) 숭실중학교 입학
1934	(17세)	부친이 선천(宣川) 신성중학교 교목이 됨으로 신성중학교로 진학
1938	(21세)	신성중학교 졸업. 정주(定州) 신안소학교 교사로 3년간 봉직
1941. 1.	(24세)	김준덕과 노선삼의 맏딸 김희숙과 결혼
1941		일본 동양대학 철학과 입학
1942	(25세)	도쿄(東京) 일본 신학교로 전학
1944. 1. 20.	(27세)	일본군 학도병으로 징집. 평양에서 훈련 받은 후 중국 쉬저우(徐州) 쓰카다(塚田) 부대 배속
1944. 7. 7.		윤경빈 등 3명과 함께 부대 탈출, 중국 유격대에서 김준엽을 만나 동행 안후이성(安徽省) 린취안(臨泉)에 도착, 중국 중앙군관학교 임천분교의 한국광복군훈련반(한광반) 입소, 여기서 김준엽, 윤재현과 『등불』 1, 2호 발간
1944. 11.		한광반 수료, 중국 중앙군 준위로 임관, 50명의 대원과 함께 충칭(重慶)으로 떠남
1945. 1. 31.	(28세)	충칭(重慶) 대한민국임시정부 도착
1945. 2. 20.		광복군에 편입하여 소위로 임관, 투차오대에 거주, 여기서 『등불』 3, 4, 5호 발간

1945. 4. 29.	18명과 함께 시안(西安) 광복군 제2지대에 배속, OSS (미국전략첩보대) 제1기 훈련반에 편입
1945. 5. 1.	광복군 중위로 진급
1945. 8. 4.	3개월간의 OSS 훈련 후 국내 잠입을 위해 대기. 여기서 「제단」 1, 2호를 발간
1945. 8. 14.	이범석 장군, 김준엽, 노능서, 이계현, 이해평과 국내 진입을 위해 가던 도중 서해에서 되돌아옴
1945. 8. 18.	이범석 장군, 김준엽, 노능서와 함께 여의도 착륙, 일본군의 제지로 이튿날 중국으로 돌아감
1945. 11. 23.	임정 요인과 함께 귀국. 김구의 비서, 비상국민회의 서기 등 역임
1947. 12. (30세)	이범석의 조선민족청년단에 참가, 중앙훈련소 교무처장 역임
1949. 2. (32세)	한국신학대학 (現 한신대학교)에 편입
1949. 6.	한국신학대학 졸업
1950. (33세)	문교부 국민정신계몽 담당관으로 국민사상연구원 기획·서무과장, 사무국장 역임
1952. 9. (35세)	국민사상연구원의 지원으로 피난수도 부산에서 월간지 「思想」 발간
1952. 12.	「思想」 12월호(4호)까지 발간 후 재정문제로 중단
1953. 4. (36세)	국민사상연구원 사직, 「思想界」 창간
1953. 9.	「思想界」 9월호를 끝으로 부산 시대를 마감, 서울 종로 한청빌딩에서 「思想界」 계속 발간
1953. 8.	함석헌의 "생각하는 백성이라야 산다"는 글로 함석헌과 함께 연행됨
1959. 2. (42세)	2·4 보안법파동 관련 「思想界」 백지 권두언으로 자유당 정권 비판

1960. 3.	(43세)	3·15 부정선거 관련 「思想界」 권두언에서 집권당의 횡포를 신랄하게 규탄
1960. 5.		유네스코 한국위원회 중앙집행위원에 피임, 홍보분과위원장 역임
1961. 1.	(44세)	국토건설본부(본부장 장면) 기획부장으로 활동
1962. 8.	(45세)	막사이사이상(賞) 언론·문학부문상 수상
1964. 3.	(47세)	한·일 굴욕외교 반대투쟁위원회의 초청연사로 전국을 순회하며 70여 회의 연설로 박정희 정권 비판
1964. 4.		「思想界」 긴급 증간호 "한·일회담의 문제점" 발행, 박정희 정권의 매국(賣國) 외교를 규탄
1965. 7.	(48세)	「思想界」 긴급 증간호 "신을사조약의 해부" 발행, 한·일 협정 조인을 정면으로 반대
1966. 10. 26.	(49세)	민중당 주최 '특정재벌 밀수진상 폭로 및 규탄 국민대회'에서의 연설이 문제가 되어 구속. 연설 내용은 "박정희란 사람은 우리나라 밀수왕초", "존슨 대통령이 방한하는 것은 박정희 씨가 잘났다고 보러 오는 것이 아니라 한국청년의 피가 더 필요해서 오는 것" 등
1966. 12.		보석으로 풀려남. 다음 해(1967년 2월)의 공판에서 징역 6월 선고
1967. 1.	(50세)	야권의 정치지도자 회담인 "사자회담(四者會談, 유진오·윤보선·이범석·백낙준)" 주선
1967. 2.		사자회담의 결과로 형성된 신민당(당수 유진오, 대통령 후보 윤보선)에 동참
1967. 5. 7.		대통령 선거법 제148호 위반으로 또다시 구속. 구속혐의는 "박정희 씨는 국민을 물건 취급, 우리나라 청년을 월남에 팔아먹었고 박 씨는 과거 공산주의 조직책으로 임명되어 조직 활동을 한 사람"이라 하여 국가원수를 모독한

혐의

1967. 6.	제7대 총선에 신민당 후보로 서울 동대문(을)구에서 출마하여 압도적인 지지로 옥중 당선
1967. 7. 1.	제7대 국회의원으로 4년의 임기 시작
1967. 11.	국회에 등원하여 의정활동을 시작, 경제과학분과 위원회와 국방분과 위원회 소속
1968. 1. 1.(51세)	「思想界」 발행인 직을 부완혁에게 위임
1971. 4. (54세)	신민당을 탈당하여 무소속의원으로 활동, 자서전 『돌베개』 출간
1971. 5.	제8대 총선에 국민당 후보로 동대문(을)구에서 출마하였으나 여당의 부정선거로 낙선
1973. 1. (56세)	'10월 유신'에 반대하여 양일동과 통일당을 창당, 통일당 최고위원에 취임
1973. 3.	제9대 총선에 통일당 후보로 출마했으나 낙선, 민주회복운동을 지속적으로 추진, 재야정치세력 연대·연합의 자유로운 촉구·주선을 위해 통일당 탈당
1973. 12.	민주회복을 위한 개헌청원 백만인 서명운동 주도
1974. 1. (57세)	대통령 긴급조치1호 위반혐의 제1호로 구속, "헌법개정을 빙자하여 국론을 분열시키고 사회의 불안을 조성"했다는 죄목으로 징역 15년, 자격정지 15년 선고
1974. 12.	심장협심증과 간경화 증세 악화로 형집행정지 출감
1975. 8. 17.(58세)	경기도 포천군 이동면 약사봉에서 암살당하시다.
1975. 8. 21.	경기도 파주군 광탄면 천주교 묘지에 잠드시다.

장준하 선생 추모 및 기념사업회 활동

1985. 8.	장준하 선생 10주기 추모행사 거행
1991. 8. 15.	건국훈장 애국장 추서
1993. 4. 15.	제1회 한신상 추서
1995. 8. 16.	20주기 추모행사 및 추모문집 출판기념회 개최
1999. 7. 6.	선생의 6천리 장정 길을 따라가는 '아! 장준하 구국장정 6천리' 행사 시작
1999. 11. 11.	금관문화훈장 추서
2000. 12.	대통령직속 의문사진상규명위원회에 장준하 선생 의문사 진상규명 진정서 제출
2003. 12.	'아! 장준하 구국장정 6천리' 행사 국가보훈처로부터 보훈문화대상 수상
2004. 8.	뮤지컬 <청년장준하> 공연 (세종문화회관 대극장)
2005. 4.	뮤지컬 <청년장준하> 공연 (부산시민회관 대극장) 뮤지컬 <청년장준하> 공연 (전주 한국소리문화의전당)
2005. 8.	뮤지컬 <청년장준하> 공연 (문예진흥원 예술극장 대극장), 광복 60주년 장준하 선생 30주기 학술심포지엄 "동북아질서의 재편과 한민족의 선택" 개최
2011. 8.	폭우로 장준하 선생 묘소 뒤편 옹벽 붕괴 국립현충원으로 이장 결정. 파주시로부터 장준하공원 부지 및 새로운 묘지 조성 제안 받고 수락
2012. 8. 1.	묘소 이장. 이 과정에서 37년 만에 두개골에 명확한 타살 의혹 발견
2012. 8. 16.	두개골 사진 언론 공개, 정부에 즉각적인 재조사 요구
2012. 8. 17.	37주기 추도식에 맞춰 파주시 탄현면 성동리에 '장준하공원' 개원
2012. 8. 20.	청와대에 사인 재조사 요구서 전달

2012. 9. 6.	장준하 선생 암살의혹규명 국민대책위원회 출범식 개최
2012. 9. 19.	암살의혹규명 100만인 서명운동 선포식
2012. 10. 5.	행정안전부로부터 재조사 불가 답변이 담긴 공문 접수
2012. 10. 19.	장준하 선생 암살의혹규명 국민대책위원회 출범식 개최
2012. 12. 4.	민주통합당과 함께 '장준하선생 사인진상조사 공동위원회' 구성
2012. 12. 5.	장준하 선생 유해 정밀 감식을 위해 묘소 개묘하고 법의학자 이정빈 서울의대 명예교수 중심으로 정밀 감식 착수
2013. 3. 26.	유해 정밀 감식 보고대회 개최. 명백한 타살에 의한 사망 결과 발표
2013. 3. 28.	서울광장에 분향소 설치하고 '민족지도자 장준하 선생 겨레장' 거행
2013. 3. 30.	경기도 파주시 탄현면 소재 '장준하공원'에 영면하시다.
2013. 12. 18.	여·야 의원 104명 공동명의로 '장준하 선생 등 과거사 사건 재조사 특별법(장준하 특별법)' 발의, 현재도 계류 중
2018. 7. 2.	부인 김희숙 여사 숙환으로 별세(만 92세). 파주시 '장준하공원'에 장준하 선생과 합장
2018. 8. 4. ~ 8. 31.	서대문형무소역사관에서 장준하 선생 탄생 100주년 기념 '특별 전시회' 개최
2018. 8. 26.	서울광장에서 장준하 선생 탄생 100주년 기념 '장준하 어울림 한마당' 개최
2018. 12. 4.	'장준하공원' 국가현충시설로 지정
2018. 12. 22.	장준하 선생 탄생 100주년 기념도서 『1952~1975 무엇을 말하랴 ― 장준하, 다하지 못한 말』 출판기념회 개최 (광화문변호사회관 10층 조영래홀)
2020. 11. 17.	한신대 개교 80주년 기념 장준하 통일관 개관, '돌베개 공원' 조성

화보로
엮은

장준하
일대기

광복군 시절과 해방 전

교사 시절

동경 유학 시절

사상계 초기

광복군

광복군 OSS 시절

광복군

가족

사 상 계 와 사 회 문 화 운 동

사상계 창간호 표지

사상계와 사회문화운동

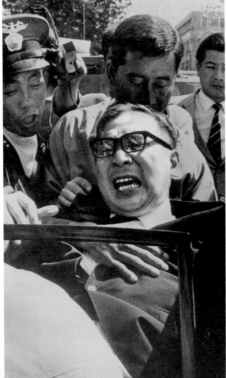

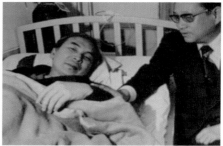